KB215408

온전한 믿음을 추구함

Toward a More Perfect Faith

Originally published in English under title:
Toward a More Perfect Faith

Copyright© 2023 by A. W. Tozer.
This book was first published in the United States by The Moody Bible Institute of
Chicago, 820 N LaSalle Blvd., Chicago, IL 60610
All rights reserved.

Korean translation edition © 2023 by Duranno Ministry
38, Seobinggo-ro 65-gil, Yongsan-gu, Seoul, Republic of Korea.

This translation published by arrangement with The Moody Bible Institute of Chicago.

본 저작물의 한국어판 저작권은 Moody Publishers와 독점 계약한 두란노서원에 있습니다.
신 저작권법에 의하여 한국 내에서 보호받는 저작물이므로 무단전재와 무단복제를 금합니다.

온전한 믿음을 추구함

지은이 | A. W. 토저
옮긴이 | 이석열
초판 발행 | 2023. 10. 18.
등록번호 | 제1988-000080호
등록된 곳 | 서울특별시 용산구 서빙고로65길 38
발행처 | 사단법인 두란노서원
영업부 | 02) 2078-3333 FAX | 080-749-3705
출판부 | 02) 2078-3332

책값은 뒤표지에 있습니다.
ISBN 978-89-531-4629-7 03230

독자의 의견을 기다립니다.
tpress@duranno.com www.duranno.com

두란노서원은 바울 사도가 3차 전도 여행 때 에베소에서 성령 받은 제자들을 따로 세워 하나님의 말씀으로 양육
하던 장소입니다. 사도행전 19장 8-20절의 정신에 따라 첫째 목회자를 돕는 사역과 평신도를 훈련시키는 사역,
둘째 세계선교™와 문서선교단행본·잡지 사역, 셋째 예수문화 및 경배와 찬양 사역, 그리고 가정·상담 사역 등을 감
당하고 있습니다. 1980년 12월 22일에 창립된 두란노서원은 주님 오실 때까지 이 사역들을 계속할 것입니다.

Toward a More
Perfect Faith

하
나
님
뜻
과
내
삶
이
하
나
되
는
길

온전한 믿음을
추구함

A. W. 토저 지음

이석열 옮김

두란노

/ Contents /

제2부

온전한 믿음을 향해
나아가다

제3부

하나님을 가리는
구름을 뚫고 올라가다

제4부

그리스도 안에서
온전함에 이르다

A. W. 토저의 기도

※ 일러두기
모든 각주는 옮긴이의 설명입니다.

온전한 믿음을
추구하는 이들에게

경건 문학에는 3천 년 이상을 거슬러 올라가는 깊고 풍부한 역사가 흐르고 있다. 그 속에서 우리는 자신의 신앙을 들려주는 사람들의 생생한 생각과 마주한다. 또 별빛 총총한 하늘 아래서 가족의 양 떼를 돌보고 수금을 타며 창조주 하나님을 찬양했던 어린 목동을 떠올리기도 한다. 그의 생각은 하나님에 대한 사랑의 표현이나 다름없었다. 하지만 그가 그랬던 것처럼 초기의 어떤 경건서 저자들도 자신이 한 말이 자신의 세대와 주변 지역을 넘어 널리 퍼져 나가리라곤 미처 내다보지 못했다.

20세기 초중반에 목회 사역을 했던 하나님의 사람 A. W. 토저도 아마 같은 생각이었을 것이다. 토저는 평범한 기독교 교사가 아니었으며 정상적인 그리스도인의 삶이 무엇인지에 대한 그의 관점 역시 평범하지 않았다. 그는 주님의 사역으로 죄에서 구원받은 사람들은 또한 하나님과 함께 승리의 기쁨 안에서 조화롭게 교제하며 살도록 부르심을 받았다고 믿었다. 이런 강한 확신 때문에 그는 하나님과의 법적 관계만 지나치게 강조하는 성경 교사들에게 자주 진저리를 쳤다. 그런 성경 교사들은 토저가 성경 전체에 분명히 계시되어 있다고 생각한 그리스도인의 '풍성한 삶'에 대한 가르침을 배제해 버렸기 때문이다.

예를 들어, 토저는 문자적 옳고 그름에만 매달리는 신앙적 형식주의(externalism), 또는 자신이 '주변부를 맴도는 삶'이라고 직접 이름 붙였던 그런 태도를 호되게 비난했다. 그는 그 시작이 고대 이스라엘로 거슬러 올라간다고 보았다. 이스라엘은 "하나님이 계신 중심에서 주변으로, 뛰는 심장 한가운데서 그 표피로, 모든 것의 바깥으로 서서히 밀려났기" 때문이다. 토저는 표면, 곧 주변부에 거하는 삶을 살려는 일반적인 그리스도인의 성향을 잘 알고 있었다. 그는 말했다. "사람은 언제나 원심력에 따라 바깥으로 날아가려 하고, 하나님은 언제나 그들에게 선지자들을 보내 중심으로 돌아오라고 촉구하신다."

A. W. 토저는 신앙적 형식주의는 말과 의식과 형식에 의존한다고 설명했다. 그와는 달리 개인의 영적 성장을 추구하는 내재주의는 형식보다는 내용, 곧 사랑과 예배와 내면의 영

적 상태에 관심을 둔다. 하나님은 사람에게 내실을 갖추라고 요구하시지만 사람은 언제나 말만 그럴듯하면 만족해한다고 토저는 꼬집는다.

그래서 토저는 하나님이 선지자와 선견자와 개혁자들을 보내 형식주의적 신앙을 책망하셨다고 믿었으며, 자주 그들의 마음에 공감했다. 그는 이런 입장이 자신이 인기를 얻는 데 보탬이 되지 않음을 잘 알았다. 그럼에도 하나님을 깊이 사랑하는 마음 때문에, 성경 자체가 목적인 양 착각하는 근본주의적 행태를 폭로할 수밖에 없었다. 성경의 진정한 의도는 그 본문의 저자이신 전능하신 하나님을 가리켜 보이는 것이기 때문이다.

초등학교 졸업 후 줄곧 독학했던 토저는 독서와 배움에 대한 열망이 남달랐다. 도서관 책들을 섭렵하며 수많은 위대한 종교적 또는 세속적 저자들의 세계로 들어설 수 있었다. 그는 평상시에 고전 문학과 시, 찬송시에 몹시 해박해서 한번은 자신이 유일하게 약한 분야는 응용수학이 아닐까 하고 골똘히 생각해 본 적이 있을 정도였다.

토저 목사는 초대형 교회를 목회하지 않았음에도 늘 북미 전역에서 설교해 달라는 초청을 받았다. 그의 설교 방식이 어땠는지는 같은 교회 전임 부목사였던 에드워드 맥시의 말을 들어 보면 잘 알 수 있다. 맥시는 토저의 설교가 그가 썼던 글처럼 시적인 면모가 있다고 말했다. 예화들은 대체로 전원생활과 자연에서 나온 소박하고 꾸밈없는 것들이었지만, 언제나 성경에서 발견되는 진리를 가리켜 보이는 특별한 예리함이 있었다.

《온전한 믿음을 추구함》(Toward a More Perfect Faith)은 토저의 첫 경건서인 《하나님을 추구함》(1948)과 맥을 같이한다. 《하나님을 추구함》에서 토저는 하나님의 인격과 그분을 알고자 하는 인간의 시도에 대해 밝히고자 했다. 하나님은 우리에게 알려지실 수 있는 분이라고 믿었기 때문이다. 현대 과학의 대부들이 우주를 질서 있게 창조하신 하나님에 대한 굳건한 믿음으로 자연적인 물리 법칙을 발견하려고 애썼던 것처럼, 토저는 이 동일한 창조주가 사람을 오직 그분의 형상대로 만드시고 그들을 예배자로 삼으셨음을 믿었다. 하나님은 우리가 찾을 수 있을 뿐 아니라 알 수 있는 신이시므로, 우리가 예배드릴 수도 있기 때문이다.

《온전한 믿음을 추구함》의 기본적인 전제는 그리스도를 따르는 사람들의 대부분이 그리스도인으로서 낮은 수준의 삶에 머물고 있는데, 그들의 신앙고백이 그저 그 자체로 다 된 것이 아님을 상기할 필요가 있다는 것이다. 토저는 전해진 복음을 믿는다는 것은 그 복음을 한 번 받아들이고 끝나는 일회성 사건이 아니며, 순전한 예배를 드리면서 점점 더 성장해 가야 하는 삶의 시작점에 불과하다고 자주 설교했다. 사도 바울이 빌립보 교회에 보낸 서신(빌립보서 3장)에서 기술한 것처럼, 토저는 이 신앙의 여정에서 우리가 다양한 영적 성장의 단계를 거친다고 믿었다. 그는 바울의 가르침을 14세기 경건 문학의 고전인 *The Cloud of Unknowing*(하나님을 감추는 구름)과 밀접하게 연관시키면서 자신만의 독창적인 방식으로 독자들이 그 관계를 살펴보도록 이끌어 간다.

이 책은 그저 영적 성장에 관한 이런저런 생각들을 수록해 놓은 모음집이 아니다. A. W. 토저가 시카고 강단에서 1957년 1월에서 3월까지 12주 연속으로 주일 저녁에 전한 설교를 정리한 것이다. 토저의 설교를 책으로 읽을 독자를 위해 편집하는 과정을 거쳤지만, 내용의 완전성과 충실성을 유지하면서 원래 의도를 훼손하지 않기 위해 세심한 주의를 기울였다. 여러분이 이 책을 읽음으로써 새로운 통찰을 얻어 온전한(또는 완벽한) 그리스도인으로 성장할 수 있기를 바란다.

– 필 샤퍼드(Phil Shappard)

"내가 그리스도와 그 부활의 권능과
그 고난에 참여함을 알고자 하여
그의 죽으심을 본받아"
- 빌립보서 3장 10절

Toward a More

Perfect Faith

제1부

온전한 믿음을
열망하다

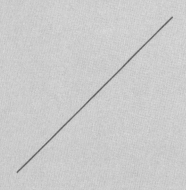

1장

하나님을
온전히 사랑하려는
갈망

빌립보서 3장 7-15절은 하나님을 간절하게 찾는 이의 신앙 간증으로서 우리가 즐겨 인용하는 성경 구절이다. 그러나 이 말씀을 읽다 보면, 사도 바울의 말에는 엄청난 모순처럼 보이는 부분들이 여럿 있다. 하지만 다만 모순처럼 보일 뿐, 실제로 모순은 아니다. 사실, 예수님의 가르침에도 모순처럼 들리는 말씀이 많다. 옛 성도들의 글과 노래와 찬송들도 마찬가지다. 모순이 아님에도 불구하고 마치 모순처럼 느껴진다.

온전함을 포기하지 않는 열정

빌립보서 3장에서 바울은 우리가 아직 온전하지 않다고 말한다. 하지만 곧, "우리 온전히 이룬 자들은 이렇게 생각할지니"(15절)라고 말한다. 온전함을 향한 이 갈망은 율법과 시편과 선지서와 신약성경에도 흐르는 정서다. 이 땅에 살았던 모든 탁월한 영적 위인들이 보여 준 성향이기도 하다. 이는 우리가 아는 위대한 경건 서적을 쓰고 고결한 찬송을 작곡한 이들의 영혼에도 공통적으로 흐르고 있었다. 그 위대한 선조들의 후예이기는 하지만 아직 미성숙한 우리는 그 찬송들을 부르면서도 무슨 뜻인지 제대로 알지 못하기 일쑤다.

나는 이 위대한 위인들 중에서도 특히 한 사람에게 귀를 기울이려고 한다. 그 사람은 성경에 어떤 것을 더하거나 성경에서 어떤 것도 빼지 않고, 성경을 예증하고 가르치고 경건하게 해석한다. 지금 나는 약 600년 전 영국의 무명 저자가 쓴 *The Cloud of Unknowing*(하나님을 감추는 구름)*이라는 책을 말하고 있다. 그는 이 책을 쓴 목적이 하나님의 자녀들이 영적으로 성장해 하나님과 '하나 됨'에 이르도록 돕는 데 있다고 했다. 이 책은 엘리자베스 1세(1533-1603) 치세 이전에 영어로 쓰였고 셰익스피어(1564-1616)보다도 200년쯤 더 오래되었기에, 꽤 예스러운 표현들이 나온다. 현대적 영어를 사용한 최근 번역본도 있지만, 나는 원문을 더 선호한다. 그리스도인들이 하나님과 '하나 되기'를 바란다는 옛 저자가 남긴 짧은 기도문을 소개하고 이를 풀어서 설명해 보겠다.

친애하는 이 옛 성도는 자신의 경건서 첫머리에서 이렇게 기도한다. "하나님, 당신께는 모든 마음이 밝히 열려 있으

---

* 이제부터는 이 책을 《하나님을 감추는 구름》으로만 표기할 것이다.

며 모든 의지가 아뢸 것이나이다." 그가 기도의 첫머리에서 하나님께는 모든 마음이 열려 있다고 말한 것에 주목하자. 이는 비록 우리가 마음을 닫고 있거나 잠그고 그 열쇠를 멀리 던져 버리더라도 하나님은 우리 마음속을 들여다보신다는 뜻이다. 하나님은 마치 우리 마음 문이 활짝 열려 있는 것처럼 우리 마음속을 들여다보실 수 있다. 계속해서 저자는 "모든 의지가 아뢸 것"이라고 말한다. 이것은 사람의 마음속 의지가 기도라는 뜻으로, 이는 오늘날 좀처럼 듣기 힘든 성경 교리 중 하나지만 《하나님을 감추는 구름》에서는 매우 강조되고 있다.

수 세기가 흐른 뒤 제임스 몽고메리는 "입으로 말하든 말하지 않든, 기도는 영혼의 진심 어린 갈망이다"라고 썼다. 아마 우리가 보고 있는 글에서 빌린 표현은 아닐 것이다. 몽고메리는 이 책에 대해 들어 본 적이 없을 테니 말이다. 그러나 "모든 의지가 아뢸 것"이다. 다시 말해, 우리 마음이 의지를 가지고 바라는 바는 호소력이 있고, 하나님은 우리가 마음속에서 바라는 것, 행하기로 결정한 것, 계획한 것을 다 들으신다. 《하나님을 감추는 구름》의 저자는 덧붙인다. "당신께는 어떤 은밀한 것도 감출 수 없나이다." 하나님께서는 어떤 비밀도 숨길 수 없다는 뜻이다.

무명의 저자는 이어서 말한다. "주님께 간청하오니, 제 마음의 의도를 당신의 이루 말할 수 없는 은혜의 선물로 깨끗하게 하셔서, 제가 주님을 온전히 사랑하며 합당한 찬양을 드리게 하소서." 더러는 그가 '온전히'란 단어를 사용함으로써 마치 영적 완벽함을 이루도록 자신을 몰아붙이는 듯 보인다고 염려할 것이다.

나는 그들의 의문에 즉각 다른 질문으로 응수하고 싶다. 저 옛 성도의 기도에 무슨 문제가 있단 말인가? "하나님, 제 마음을 고쳐 주셔서 저로 하여금 주님을 온전히 사랑하고 주님께 합당한 찬양을 드리게 하소서"라는 기도에서 신학적 오류를 찾을 수 있는가? 만일 이것이 극단적이고 광신적으로 들린다면, 나는 여러분이 예수 그리스도를 통해 얻은 하나님의 완전한 구원을 제대로 이해했는지 의문을 품지 않을 수 없다. 하나님의 참된 자녀라면 이처럼 하나님을 온전히 사랑하고 그분께 합당한 찬송을 드리려는 열망에 "아멘"으로 응답할 것이기 때문이다.

영적 온전함을 향해 나아가는 길

더 나아가서, 무명 저자는 그리스도인의 삶에는 네 단계가 있다고 말한다. "나는 그리스도인의 삶에서 네 가지 단계와 형태를 봅니다." 그 각각을 평범함, 특별함, 비범함, 온전함이라고 일컫는다. 이렇게 네 단계다. 그의 통찰은 얼마나 놀라운가! 복음서 기자였다고 해도 손색이 없을 정도다. 만일 그가 600년 후에 깨어나서 오늘날 그리스도인들을 본다고 해도 "역시 그리스도인들은 내가 본 그대로구나"라고 말했을 것이다.

첫 번째 단계 또는 형태는 평범한 그리스도인이다. 하나님께서는 우리가 어떤 유형의 무리인지 아신다. 그다음으로 조금 진전된 사람은 특별한 그리스도인, 그다음은 비범한 그리스도인이다. 그가 열거한 마지막 단계의 그리스도인은 온전한 그리스도인이다. 그는 평범함, 특별함, 비범함이라는 세 단계는 이 땅의 삶에서 시작되고 완성될 수 있다고 매우 조심스럽게 설명한다. 하지만 네 번째 단계인 온전함은 "이 땅에서는 은혜로써 시작되기만 할 뿐, 천국의 기쁨 가운데서 끝없이 지속될" 것이다.

나 자신이나 《하나님을 감추는 구름》을 쓴 저자 역시 "나는 완벽해요"라고 말하는 듯한 성 프란체스코 특유의 온화한 미소를 지으며 다닐 만큼 완벽주의자가 아님을 분명히 밝힌다. 우리는 단지 늘 나아가야 할 더 깊은 영적 성숙의 자리가 있음을 안다. 그리고 우리는 그리스도인들이 영적 온전함을 향해 첫발을 내딛기 시작할 수 있다는 믿음을 품고 있다.

여기에 덧붙여 나는 앞으로 우리가 해 나갈 고찰의 토대가 될, 참으로 당연한 전제를 제시하려고 한다. 그 전제란, 오늘날 많은 그리스도인이 자기가 마땅히 되어야 할 모습에 미치는 못하는 하위 그리스도인의 삶을 살고 있다는 것이다. 현대 그리스도인들은 대부분 기뻐하며 살고 있지 않다. 자신이 거룩하지 못하기 때문이다. 그들이 거룩하지 못한 이유는 성령으로 충만하지 않기 때문이다. 성령으로 충만하지 않은 이유는 그들이 세상 사람들과 구별되지 못했기 때문이다. 성령은 세상과 구별되지 않은 사람을 충만하게 할 수 없다. 성령으로 충만하지 않은 사람은 하나님이 거룩하게 하실 수 없고, 하나님께서 거룩하게 하실 수 없는 사람은 하나님이 행복하게 하실 수 없다.

달리 말하면, 현대 그리스도인은 그리스도를 영접함으로 거듭났다고 하더라도 거룩하지 못하기에 기쁨을 누리지 못하는 경우가 많다. 성령으로 충만하지 못하기에 거룩하지도 않다. 세상과 구별되지 않았기에 성령으로 충만할 수도 없다. 하나님은 자신이 구별할 수 없는 존재를 충만하게 하실 수 없고, 충만하게 하실 수 없는 존재를 거룩하게 하실 수 없다. 하나님은 자신이 거룩하게 할 수 없는 존재는 기쁨으로 살아가게 하실 수 없다.

하나님 뜻과 상관없이 사는 사람들

더 나아가서, 나의 전제는 다음과 같은 사실을 아우른다. 현대 그리스도인은 그리스도를 닮지 않았다. 다른 말로 하면, 그리스도와 "하나 되어" 있지 않다. 그 증거는 오늘날 하나님의 자녀들에게서 볼 수 있는 성품상 결함에 있다. 만일 내가 약속의 성취를 보지 못한 채 죽은 히브리서 11장의 선지자들이 지녔던 것과 같은 미래를 내다보는 통찰력이 없었다면, 이 현실을 보며 내 심정은 더욱 참담했을 것이다. 사실 나는 매우 성품이 나쁜 사람들에게 수년간 설교를 하고 있기 때문이다. 그 외에도 그들은 도덕적인 결점과 잦은 패배, 부족한 이해력이란 문제가 있다. 그들은 하나님의 뜻 밖에서 살고 있다. 성경 말씀에 합당한 삶을 살지 않기 때문에 하나님의 뜻 밖에서 살고 있는 것이나 매한가지다. 이것이 나의 전제이자, 내가 이 연구를 하게 된 이유다.

이런 기준 이하의 모습은 성경에서도 그리 낯설지 않다. 구약성경이 하나님의 백성 이스라엘을 어떻게 기록하고 있는지 기억해 보라. 그것은 신약성경에서도 자주 반복되고 있다. 이스라엘 자손은 바닷가의 모래같이 많아지겠지만, 그중에서도 남은 자들만 구원받을 것이다. 히브리서 5장 말씀을 보라. 저자는 다음과 같이 말한다.

"멜기세덱에 관하여는 우리가 할 말이 많으나 너희가 듣는 것이 둔하므로 설명하기 어려우니라 때가 오래되었으므로 너희가 마땅히 선생이 되었을 터인데 너희가 다시 하나님의 말씀의 초보에 대하여 누구에게서 가르침을 받아야 할 처지이니 단단한 음식은 못 먹고 젖이나 먹어야 할 자가 되었도다 이는 젖을 먹는 자마다 어린아이니 의의 말씀을 경험하지 못한 자요 단단한 음식은 장성한 자의 것이니 그들은 지각을 사용함으로 연단을 받아 선악을 분별하는 자들이니라"(히 5:11-14).

이러한 현실 진단은 시작에 불과하다. 히브리서 기자는 계속해서 말한다.

"그러므로 우리가 그리스도의 도의 초보를 버리고 죽은 행실을 회개함과 하나님께 대한 신앙과 세례들과 안수와 죽은 자의 부활과 영원한 심판에 관한 교훈의 터를 다시 닦지 말고 완전한 데로 나아갈지니라 하나님께서 허락하시면 우리가 이것을 하리라"(히 6:1-3).

주님은 많은 사람의 사랑이 식을 것이라고 말씀하셨다(마 24:12). 지금 우리 앞에 놓인 특정 상황을 요한계시록 2장과

3장에 나오는 일곱 교회에 보낸 편지에서도 볼 수 있다. 이 일곱 교회는 교회로서의 기능은 하고 있지만, 처음 사랑을 잃고 냉랭해져서 영적으로 문제가 많은 상태였다. 그래서 나는 이 연구의 필요성을 하위 그리스도인의 삶을 살아가는 현대의 대다수 그리스도인에게서 찾았다. 여러분이 내 전제에 동의하지 않는다면, 내 설교는 그저 서로에게 시간 낭비만 되고 내 입장에서는 헛수고만 한 꼴이 될 것이다.

이 연구를 하기 위해 나는 지적 능력을 엄청 사용해야 했고 신경을 많이 썼으며 영적으로도 상당한 준비가 필요했다. 그러나 빌립보서 3장에 기록된 사도 바울의 말씀이나 나의 가르침이 일부 독자에게는 아무런 의미도 줄 수 없음을 깨달았을 때는 마음이 참으로 무거웠다. 마태복음 13장 10-13절은 제자들에게 하시는 예수님의 말씀이다.

> "제자들이 예수께 나아와 이르되 어찌하여 그들에게 비유로 말씀하시나이까 대답하여 이르시되 천국의 비밀을 아는 것이 너희에게는 허락되었으나 그들에게는 아니되었나니 무릇 있는 자는 받아 넉넉하게 되되 없는 자는 그 있는 것도 빼앗기리라 그러므로 내가 그들에게 비유로 말하는 것은 그들이 보아도 보지 못하며 들어도 듣지 못하며 깨닫지 못함이니라"(마 13:10-13).

이 구절은 예수님의 가르침을 수용하지 못하는 사람들이 있음을 알려 준다. 그래서 주님은 들을 수 있는 자들에게 말씀하시기 위해 자신의 가르침을 조금 감추셨다. 주님께서 사람들을 속이셨다는 말이 아니다. 다만 주님은 자신의 가르침을 영적 암호 같은 걸로 바꾸셔서, 그 말씀을 알아들을 수 있는 자는 듣고, 그렇지 못한 자들은 듣지 못하게 하셨다. 주님은 실제로 어떤 사람들에게는 자신의 가르침을 숨기셨다. 우리는 이와 동일한 말씀을 고린도전서 3장에서 바울에게 들을 수 있다.

> "형제들아 내가 신령한 자들을 대함과 같이 너희에게 말할 수 없어서 육신에 속한 자 곧 그리스도 안에서 어린아이들을 대함과 같이 하노라 내가 너희를 젖으로 먹이고 밥으로 아니하였노니 이는 너희가 감당하지 못하였음이거니와 지금도 못하리라 너희는 아직도 육신에 속한 자로다 너희 가운데 시기와 분쟁이 있으니 어찌 육신에 속하여 사람을 따라 행함이 아니리요 어떤 이는 말하되 나는 바울에게라 하고 다른 이는 나는 아볼로에게라 하니 너희가 육의 사람이 아니리요 그런즉 아볼로는 무엇이며 바울은 무엇이냐 그들은 주께서 각각 주신 대로 너희로 하여금 믿게 한 사역자들이니라"(고전 3:1-5).

바울은 어떤 진리에 대해서는 고린도 교인들이 감당할 수 없었기에 말을 아껴야 했다. 《하나님을 감추는 구름》을 쓴 무명의 저자는 자신의 작은 책을 집어 든 모든 사람에게 이렇게 권고한다.

> 성부와 성자와 성령의 이름으로 그대들에게 당부하고 또 간청합니다. 이 책을 읽지도 필사하지도 말하지도 마십시오. 다른 이들이 이 책을 읽거나 필사하거나 말하게 하려고 수고하지도 마십시오. 참된 의지와 의도가 없다면, 그리고 그리스도를 온전히 따르기로 작정하지 않았다면 말입니다. 지금 이 땅에서 비록 죽을 육신을 가지고 살 동안에도 영적인 온전함을 이루도록 하십시오. 육체로 활동하는 생활에서뿐 아니라 은혜로 얻을 수 있는 가장 높은 수준으로 사색하는 생활에서도 그렇게 하십시오.

그가 말하려는 요점은 그리스도의 완전한 제자가 되겠다고 마음속으로 결심하지 않았다면, 참된 의지와 온전한 의도와 목적의식이 없다면, 누구도 굳이 애써서 이 책을 헛되이 사용하지 않기를 바란다는 것이다.

그리스도의 완전한 제자가 되겠다는 결단

   믿음의 형제자매들이여, 마음을 다하지 않는 세태 속에서 청중이 참된 의도를 가지고 있는지를 판단해야 하고 말씀 사역을 우둔하고 영적으로 가장 둔감한 수준에 맞춰 끌어내릴 수밖에 없는 지금, 도대체 무슨 일이 벌어진 걸까? 어째서 우리는 하나님을 진정으로 갈망하는 사람들이 아니라, 오히려 말씀을 붙잡을 생각이 별로 없는 그리스도인들에게 설교를 하고 있는가? 《하나님을 감추는 구름》이 내게 말하는 듯하다. "이보게, 토저, 하나님의 은혜와 성 삼위일체의 능력으로 간청하겠네. 이 사람들이 온전해지겠다고 결단하지 않는다면, 이 땅에서 그리스도의 온전한 제자가 되어 은혜로 이를 수 있는 가장 높은 수준의 삶을 살겠다고 결단하지 않는다면, 그들에게 설교하지 말게나."

   "예수님의 보혈로 우리는 존귀해졌습니다"라는 찬양 가사를 들을 때면 나는 마음이 뜨거워져서 이렇게 고백하지 않을 수 없다. "하나님, 소망이 제게 있지 않고 저를 하나님 보시기에 존귀한 자로 삼아 주신 예수님의 보혈에 있습니다." 구주의 보혈로 인해 우리가 하나님께 마땅히 귀 기울이고, 온 마음으로 하나님을 사랑하며, 그분께 합당한 찬양을 드릴 수 있기를 간절히 바란다. 그분의 은혜에 힘입어, 우리가 이 땅에서 이를 수 있는 최고 수준으로 하나님을 따를 수 있기를, 그리고 이 연구에서 무언가를 배울 수 있기를 바란다.

친애하는 우리의 옛 저자는 어떤 부류의 사람들은 물리친다고 말한다. 그는 분명히 말하기를 자신이 물리쳐야 할 사람들이 있으며 그들은 잠재적인 독자로서도 자격이 없다고 했다. 그가 자신의 책을 듣거나 읽기도 하지 말기를 바랐던 사람들 가운데는 육신을 좇는 수다쟁이들, 즉 쓸데없는 말을 늘어놓거나 항상 떠들어 대는 부류도 있었다. 자신이나 다른 사람에 대해 드러내 놓고 칭찬하거나 비난하는 사람들도 있는데 이 저자는 그런 사람들에게도 자기 책을 읽지 말라고 한다. 시시한 이야기와 뒷말 하기를 좋아하는 사람들도 여기에 해당된다. 하나님은 그런 자들을 아신다.

옛 저자는 말한다. "하나님, 당신께는 어떤 은밀한 일도 감출 수 없고 모든 의지가 아뢸 것이며 모든 마음이 밝히 열려 있나이다. … 당신은 수다쟁이들과 뒤에서 수군대는 자들이 어디 있는지 아시나이다." 그는 또 이렇게 말한다. "이야기를 지어내는 자들과 온갖 부류의 도적들이여, 내 책을 그냥 내버려 두시오." 도적이란 십일조를 하면서도 가능한 한 자기 돈을 움켜쥐고 있다가 결국 그 돈을 훔쳐 가는 자다. 그는 말한다. "그런 자들을 위해서는 이 책을 쓰지 않았습니다. 그러니 내 말에 쓸데없이 참견하지 말기를 바랍니다. 그들뿐 아니라 호기심꾼이나 지식인이나 무식자들도 마찬가지입니다." 그는 만약 여러분이 보다 깊은 영적 삶에 대해 그저 궁금해하는 정도라면, 학식이 있든지 없든지에 상관없이 자기 책이 아무런 의미도 없으리라고 말한다. 그는 그런 사람들이라면 누구라도 자신이 해야만 하는 말을 듣지 않기를 바란다.

나는 이 점에 있어서는 《하나님을 감추는 구름》의 저자와 생각이 다르다. 단지 받아들이지 못할 사람이 있다는 이유로, 영적인 능력에 대해 계시된 비밀을 받을 수 있을 만한 사람에게까지 그 비밀을 감추고 싶지는 않다. 그것을 이해하지 못할 사람이 있다는 이유로, 승리를 누리는 삶에 대해 공개된 비밀을 이해할 수 있는 사람에게까지 감추고 싶지는 않다. 예수 그리스도는 들을 귀 있는 자는 듣고 그렇지 못한 자는 보거나 듣거나 이해하지 못하게 비유로 말씀하시며 자신의 가르침을 숨기셨다. 마찬가지로 이 책을 읽는 사람들 역시 나뉘게 될 것이다. 주님께 헌신된 삶을 살아가기를 원하는 사람과 그렇지 않은 사람들로 갈라질 것이다. 어떤 사람들은 한 단계 한 단계 더 올라가게 될 것이다. 하지만 어떤 이들은 수많은 사람들이 그렇듯 그저 평범한 그리스도인으로 남는 데 만족할 것이다.

연구를 진전시켜 나가면서 나는 특별한 그리스도인과 비범한 그리스도인이 된다는 것의 의미를 논할 것이다. 부디 내가 은혜의 네 가지 사역을 가르친다고 생각하지 않기를 바란다. 이 설교를 듣고 "은혜의 사역은 두 가지나 세 가지라고 들었는데, 토저는 네 가지나 말한다!"라고 생각하는 이가 없기를 바란다. 나는 그저 영적 온전함 또는 성숙을 향한 여정을 가면서 만나게 되는 네 단계를 말하고 있을 뿐이다. 우리 연구의 토대가 되고 있는 빌립보서 3장의 가르침과 더불어 나는 이 친애하는 옛 저자의 가르침을 따르기 원한다.

사람은 이 땅에서 평범한 그리스도인이 될 수도, 특별한 그리스도인이 될 수도 있으며, 또한 삶 가운데서 비범한 영성을 지니는 자리에까지 나아갈 수 있다고 이 옛 저자는 말한다. 나는 여러분이 영적 여정에서 앞의 세 단계를 거친 후에 그다음 단계인 온전함으로 나아갈 수 있지만, 오직 이 땅의 삶에서는 그 마지막 단계를 시작하기만 할 수 있을 뿐 결코 끝낼 수는 없다는 사실을 알려 주고 싶다. 왜냐하면 옛 저자가 말하듯이 그 단계는 "천국의 기쁨 가운데서" 끝없이 지속될 것이기 때문이다.

이것이 승리를 누리는 그리스도인의 삶에 대한 가르침이자 내 가르침의 핵심이다. 이제 앞으로 여러분도 분명히 서로 나뉠 것이라고 나는 확신한다. 교계에 이런 나뉨이 일어나기를 바란다. 우리는 너무 많은 물을 부어서 서로를 희석시켰다. 그 결과 지금 우리의 용액은 너무나 묽어져서 독이

들었다 해도 누구를 죽일 수 없고, 약이라고 해도 누구를 치료할 수 없을 정도다. 그저 무용한 용액이 되고 말았다. 이 책은 온전한 영적 성장의 자리로 나아가려는 이들, 비록 아직도 썩을 육체 안에서 이 땅의 삶을 살고 있더라도 은혜로써 이를 수 있는 최고의 자리까지 나아가려는 이들을 위한 것이다.

하나님을 온전히 사랑하고 하나님을 전심으로 찬양할 수 있을 때까지 계속 나아감으로써 하나님의 뜻 안에서 살기 원하는 것이 광신적일까? 그렇게 살아 내어 이 땅에서도 천국의 삶을 맛보려는 것이 광신적일까? 만일 그렇다면 그 광신은 율법서가 권하는 광신이요, 시편이 권하는 광신이요, 선지자들과 신약성경이 권하는 광신이다. 또한 감리교회와 구세군교회를 낳은 광신이다. 기독교선교연맹(Christian and Missionary Alliance)을 출범하게 만든 광신이다. 모라비아교회를 낳은 광신이며, 종교개혁을 낳은 광신이다.

세상이 권하는 방식에 굴복하지 않는 거룩한 백성

마치 흙 속의 벌레처럼 토양을 부드럽게 만들어 추수를 준비했던 과거의 조상들을 기억해 보자. 그들은 드러나지는 않지만 이곳저곳에서 작은 무리를 지어서 일하며 세상이 권하는 방식에 굴복하지 않았던 거룩한 백성이었다. 지렁이와 흙 속에 사는 다른 벌레들처럼 그들도 끊임없이 영적인 토양을 지나다니면서 꾸준히 그 토양을 부드럽게 만들었다. 그래서 비가 올 때 토양이 필요한 만큼 촉촉이 수분을 흡수할 수 있도록 해 주었다.

순수한 성도들 곧 순전한 성도들에 대해 좀 더 이야기하겠다. 그들은 이름이 알려지지는 않았지만 영적으로 온전한 삶을 살았다. 적어도 이 땅에서 영적 온전함으로 나아가는 첫발은 내디뎠다. 그들은 종교개혁이 일어날 때까지 독일과 네덜란드, 심지어 프랑스, 스페인 같은 라틴계 나라들에서도 소금 같은 역할을 했다. 씨앗을 심을 만한 부드러운 토양을 마련했다. 마르틴 루터 이전에 그들이 없었다면 루터가 이룬 업적들은 결코 실현될 수 없었을 것이다. 그들은 루터나 다름없는 사람들이었으며, 세상을 종횡무진하며 이런 영적 온전함을 이루는 삶을 설파했다.

이 책을 읽는 사람들 가운데서 더러는 계속 나아갈 것이고, 안타깝게도 더러는 그렇지 못할 것이다. 더러는 자신들의 가데스 바네아에 이른 후 돌아설 것이다. 이스라엘 백성이 가데스 바네아에 이르렀을 때 무리 가운데 일부는 가나안 땅을 향해 올라가자고 말했지만, 대다수는 계속 나아가지 못할 것이라는 의심을 품고 실제로도 나아가지 않았다. 그들은 스스로에게 40년 형, 즉 정처 없이 광야의 모래사막을 헛되이 떠도는 형벌을 선고하고 있다는 사실을 알지 못한 채 가나안을 앞에 두고 돌아선 것이다. 그들은 자신들이 시험받고 있음을 알지 못했다. 하나님은 "자, 모두 준비하고 심호흡을 해라. 이제 시험을 시작할 것이다"라고 말씀하지 않으셨다. 하나님은 그저 그들이 스스로 시험을 치르게 두셨고 그들은 낙제하고 말았다.

죄와 육체와 마귀의 영향 아래 있는 이 세상에서, 하나님께서 시험하시는 사람들 중 80-90퍼센트가 낙제한다는 것은 무서우면서도 끔찍한 일이지만, 감사하게도 그렇지 않은 사람들도 있다. "자는 자여 어찌함이냐 일어나서 네 하나님께 구하라 혹시 하나님이 우리를 생각하사 망하지 아니하게 하시리라"(욘 1:6). 여러분에게 앞으로 나아가자고 촉구할 때 그것은 여러분이 의식하지 못한 채 치르는 시험이 될 수도 있다. 중요한 것은 여러분의 응답이다. 여러분은 나와 함께 이 길로 더 나아가겠는가? 여러분은 오늘날 대다수의 그리스도인들이 하위 그리스도인의 삶을 살고 있다는 사실을 수긍하는가? 그들은 기쁨에 찬 그리스도인이 아니다. 그들은 영적인 삶을 살지 않으며, 따라서 거룩하지도 않기 때문이다.

만약 여러분이 생각하는 기독교가 일부는 놀이, 일부는 사교적 즐거움, 또 일부는 종교로 이루어져 있다면, 여러분은 내가 하려는 말을 전혀 알아듣지 못할 것이다. 내 말을 문자적으로만 받아들일 뿐, 진정으로 말하려는 바는 이해할 수 없을 것이다. 반면에 만일 이 땅에서의 삶은 이 세상과 싸우는 전쟁터이고 보다 위대한 무엇인가를 위한 준비라고 믿는다면, 예수 그리스도의 십자가를 우리가 항상 짊어지며 그 위에 못 박혀 죽고 다시 살아나 그 이후의 삶을 살아나가야 할 상징으로 받아들인다면, 그렇다면 우리는 앞으로 나아가며 멋진 여정을 함께하게 될 것이다.

이제 나는 여러분과 《하나님을 감추는 구름》이 들려주는 짧은 좌우명을 나누고 싶다. "이제 앞을 바라보고, 뒤는 그냥 내버려 두라." 이것은 옛 저자가 사도 바울이 했던 말을 자신의 방식대로 다시 말한 것이다. 되돌아갈 길은 없애 버려라. 뒤를 돌아보지 말고 이제 앞을 보라. 과거를 놓고 근심하지 말라. 그리고 앞으로 나아가 다음 단계들을 통과하기 위해 온 힘을 쏟으라. 그러면 여러분은 옛 형제가 말했던 그리스도와의 '하나 됨'이라는 영적 경험을 하게 될 것이다. 그리스도와 '하나 되는' 것은 내 영혼이 갈망하는 바다. 여러분의 영혼 또한 그러리라 믿는다.

2장

평범함을 벗어나
영적 탁월함 갖추기

하나님께서 말씀하시고 우리가 기도와 헌신으로 하나님께 응답할 때, 우리가 하나님께 어떻게 말씀드리는가는 매우 중요하다. 시편이 정말 중요한 이유가 여기에 있다. 시편에서는 영감을 받은 기자들이 하나님께 어떻게 응답하는지를 볼 수 있기 때문이다. 이것은 경건 문학이 매우 중요한 이유이기도 하다. 하나님은 우리에게 말씀하시고 각 시대는 하나님께 응답해 왔으며, 하나님은 우리를 위해 그 말씀을 보존해 주셨다.

그리스도인이 성장해 가는 과정

비록 철저히는 아니더라도, 나는 무명의 저자가 쓴《하나님을 감추는 구름》의 몇 가지 제안을 따르고 있다. 저자는 지금은 잘 사용하지 않는 '신령한 벗들'이라는 표현으로 자신의 독자들을 칭한다. 하나님 안에서 영적 친구란 뜻이다. "그대들이 헤아려 주기를 바랍니다. 열과 성을 다해 관찰해 본 결과, 그리스도인의 생활에는 네 가지 단계와 형태가 있음을 알게 되었습니다.…" 그는 우리가 평범한 그리스도인의 단계에 머물 수 있고, 그다음에는 특별한 그리스도인, 그다음에는 비범한 그리스도인으로 나아갈 수가 있다고 말한다. 그리고 마침내 네 번째 단계인 완전함으로 들어갈 수 있다고 한다. 그러나 이 마지막 단계는 "이 땅에서는 은혜로써 시작되기만 할 뿐, 천국의 기쁨 가운데서 끝없이 지속될" 것이므로, 우리가 이 세상에서 네 번째 단계를 완성할 수는 없다. 이 말은 "형제들아 나는 아직 내가 잡은 줄로 여기지 아니하고 … 그러므로 누구든지 우리 온전히 이룬 자들은 이렇게 생각할지니…"(빌 3:13, 15)라는 바울의 말과 꼭 들어맞는다. 여기에는 우리가 온전함을 향한 길에 들어섰지만 그 길을 아직 완주한 것은 아니라는 복된 모순이 있다.

대체 이것이 무슨 말인가? 좀 이상하고 낯설고 새롭게 추가된 생각이 아닌가? 나는 그렇게 생각하지 않는다. 《하나님을 감추는 구름》의 저자는 이렇게 말한다. "하나님, 당신께는 모든 마음이 밝히 열려 있으며 모든 의지가 아뢸 것이나이다." 즉, 우리가 바라는 것이 무엇이든 그것은 우리의 기도이며, 우리가 바라는 것이 무엇이든 하나님께 전해질 것이다. 하나님이 그것을 들으신다. 만일 우리가 악해지고자 한다면 하나님은 그것을 들으신다. 우리가 거룩해지고자 한다면 그것도 들으신다. 우리가 저항하고자 해도 하나님은 그것을 들으신다. "모든 의지가 아뢸 것이나이다. 당신께는 어떤 은밀한 것도 감출 수 없나이다." 이는 아무리 사적이고 비밀스러운 일이라도 하나님께는 숨길 수 없다는 말이다.

여러분은 여기에 무슨 문제가 있다고 보는가?《하나님을 감추는 구름》의 저자는 계속해서 이렇게 말한다. "주님께 간청하오니, 제 마음의 의도를 당신의 이루 말할 수 없는 은혜의 선물로 깨끗하게 하셔서, 제가 주님을 온전히 사랑하며 합당한 찬양을 드리게 하소서." 만일 이것이 광신적인 신앙이라면 나는 주저 없이 그런 광신자가 되고 싶다고 말하겠다. 나 역시 내 마음이 하나님의 이루 말할 수 없는 은혜의 선물로 깨끗하게 되어 하나님을 온전히 사랑하며 그분을 합당히 섬길 수 있기를 바란다. 여러분 또한 이런 변화의 체험을 하고 싶지 않은가?

잠언 4장 18절은 말한다. "의인의 길은 돋는 햇살 같아서 크게 빛나 한낮의 광명에 이르거니와." 이 구절의 서로 다른 두 번역에 주목해 보자. 하나는 에드거 굿스피드(Edgar J. Goodspeed)의 번역으로서, "의인의 길은 새벽빛과 같아 낮이 가득 찰 때까지 언제나 밝게 빛납니다." 또 조셉 로더럼이 번역한 성경(Rotherham's Emphasized Bible)은 이렇게 표현했다.

"의인의 길은 새벽빛과 같아서 정오에 이르기까지 계속 밝혀 줍니다."

구약 시대를 살았던 시인의 영감 어린 시구에서, 시인은 그리스도인이 그리스도인다울 때 태양이 비친다고 말한다. 그리스도인이 나아갈 때 그 길은 새벽이 동트는 것 같고 하루가 한낮을 향해 점점 밝아지면서 흐르는 것 같다. 이 히브리 시인이 말하는 바는 의인의 삶의 모습은 해가 하늘 꼭대기까지 올라 멈춰 서 있을 때의 가장 충만한 날과도 같다는 점이다. 그리스도인들은 자주 이 말씀을 격찬하고 인용하며 암송까지 하지만, 좀처럼 믿지는 않는다.

그들이 이 말씀을 믿지 않음을 내가 어떻게 알 수 있을까? 대부분의 그리스도인들이 그 말씀을 경험하지 못하기 때문이다. 우리는 경험하지 못한 것을 믿지 못한다. 대부분의 그리스도인들은 언제나 자신이 있는 바로 그 자리에 머물러 있다. 날이면 날마다, 주가 바뀌고 달이 바뀌어도, 심지어 해가 바뀌어도 성장하지 않는다. 그렇다. 우리도 무언가를 더 잘하고 싶을 때가 있다. 하지만 솔직히 말하면 많은 그리스도인들이 날이 가고 달이 가고 해가 바뀌어 노년이 다가올 때까지도 제자리에 머물러 있다. 개중에는 회심의 순간 처음 떠올랐던 해가 언덕 위로 한 치도 더 올라가지 못한 사람도 있다. 그렇다고 그들의 회심을 부정하거나, 그들을 교회에서 배제하거나, 그들이 그리스도인이 아니라고 말하려는 것은 아니다. 하나님을 알아 감에 있어서 성장하기를 시작했어야 할 시점에 오히려 성장하기를 멈추었다는 사실을 지적하려는 것이다.

여러분은 이렇게 반문할지도 모른다. "모든 그리스도인이 의롭다 함을 받지 않았나요? 모두 거듭나지 않았나요? 그리스도인들은 모두 하나님의 집과 그리스도의 몸의 일원이 아닌가요? 왜 목사님은 그리스도인들을 구분하나요? 헬라어 번역에 따르면 그리스도인들은 모두 다 성도가 아닌가요? 어째서 목사님은 이런 구분을 만들어서, 평범한 그리스도인, 특별한 그리스도인, 비범한 그리스도인, 영적인 삶에서 온전함을 나타내기 시작한 그리스도인이 있다고 말하는 것인가요?"

뒤돌아보길 멈추고 앞을 바라보라

나는 그리스도인들이 모두 비슷하고 서로 어떤 차이도 없다는 영적인 추론을 여러 해 동안 들어 왔다. 그리고 그에 맞서고 저항하면서 오랫동안 그 문제를 놓고 논쟁해 왔다. 이제 다시 묻는다. 왜 예수님은 마태복음 13장의 씨 뿌리는 사람 비유에서 그리스도인의 삶과 관련해 어떤 것은 30배,

어떤 것은 60배, 어떤 것은 100배의 결실을 맺는다고 말씀하셨을까? 예수님은 왜 차이를 두셨을까? 예수님은 직접 30배, 60배, 100배라고 구분하셨다. 왜 그리스도께서는 어떤 사람에게는 많은 고을을 차지하라 하시고, 어떤 사람에게는 적은 고을을 차지하라고 말씀하셨을까? 왜 하나님의 나라에서 어떤 사람들은 높은 지위에 오르고 또 어떤 사람들은 그렇게 하지 못하는가?

만일 우리가 모두 다 비슷하고 걱정할 이유가 전혀 없다면, 어째서 바울 사도는 빌립보서 3장 말씀을 기록했을까? 왜 모든 것을 잃어버리고 배설물로 여김은 그리스도를 얻고 그 안에서 발견되려 함이라고 말했으며(빌 3:8-9), 자신이 그리스도와 그 부활의 권능과 그 고난에 참여함을 알고자 하여 그의 죽으심을 본받아 어떻게 해서든지 죽은 자 가운데서 (더 좋은) 부활에 이르려 한다고(빌 3:10-11 참고) 말했을까? 그렇다. 바울은 모든 그리스도인이 믿는 자로서 죽은 자들 가운데서 다시 살아나리라 믿었지만, 또한 '더 좋은' 부활에 대해서도 말했다. * 또한 바울은 이렇게 말했다. "내가 이미 얻었다 함도 아니요 온전히 이루었다 함도 아니라 오직 … 달려가노라 … 뒤에 있는 것은 잊어버리고…"(빌 3:12-13).

---

* 토저는 빌립보서 3장에는 없는 '더 좋은'이라는 수식어를 첨가했는데, 이는 히브리서 11장 35절을 참고한 듯하다.

《하나님을 감추는 구름》에서 발견한 "이제 앞을 바라보고, 뒤는 그냥 내버려 두라"라는 우리의 작은 좌우명을 기억하라. 우리는 자녀들에게 "그냥 내버려 둬"라고 말한다. 이것은 "건드리지 마. 멈춰. 그만둬"라는 뜻이다. 옛 저자는 우리 뒤에 있는 것은 그냥 내버려 두라고 말한다. 뒤돌아보기를 멈추고, 이제 앞을 바라보라.

미지근하고 어중간한 그리스도인

이제 '평범한' 또는 '보통의'라는 단어를 좀 더 유심히 살펴보자. 이 말들은 보통의 등급이나 자질이나 능력을 가진 상태를 뜻한다. 평범한 그리스도인은 보통의 자질이나 능력을 지녔으며, 눈에 띌 만한 어떤 탁월함도 갖추지 못했다. 그저 믿음을 지닌 그리스도인일 뿐, 두드러지는 영적 탁월함이 없다. 오랜 역사를 지닌 웹스터 사전에 따르면, 평범한 사람들은 관습적인 방식을 따르는 사람들이라고 한다. 만일 여러분이 평범한 자질이나 능력을 지녔을 뿐 어떤 식으로든 눈에 띄지 않는 그리스도인이라면, 그것이 무엇이든 그저 관습적인 방식을 따르고 있을 것이다. 그렇다면 여러분은 평범한 그리스도인일 가능성이 높다.

이제 내가 좋아하지 않는다고 고백해야 할 단어를 살펴볼 차례다. 그것은 '어중간한'(mediocre)이란 단어다. 슬프게도 대부분의 그리스도인이 이 '어중간하다'는 말로 묘사될 수 있다. 여러분은 영어 '미디오커'(mediocre)의 뜻을 아는가? 이 단어는 정상으로 가는 길에 있는 중턱을 의미하는 두 라틴어 단어(medi[중간]+ocre[산])에서 나왔다. 내가 생각하기에, 이 말은 그리스도인의 대다수를 적절하게 묘사한다. 그들은 봉우리로 향하는 중턱에 있다. 천국에 이르는 길 중턱에 있는 것은 아니다. 하지만 그들이 있어야 할 곳으로 가는 여정의 중간 지점, 곧 정상으로 향하는 중턱, 골짜기와 산봉우리 사이의 어중간한 자리에 있다. 그들은 더 이상 골짜기에서 허우적대고 있지는 않다. 하지만 햇빛이 눈부신 정상에 이르지도 않았다. 도덕적으로 본다면 철면피한 죄인들보다 낫지만, 영적으로 본다면 흠모할 만한 성도들에는 미치지 못한다. 이곳이 우리 대부분이 지금 서 있는 자리다.

어쩌면 과거에 여러분은 어중간한 사람이 되지 말자고 스스로에게 다짐했을지도 모른다. 여러분 역시 그 단어를 싫어하기 때문이다. 또 이 죽을 인생에서 도달할 수 있는 가장 높은 봉우리에 이를 때까지 산에 오르기를 멈추지 않겠다고 결심했을지도 모른다. 하지만 불행히도 그것을 이루기 위해 아무것도 하지 않았다. 아니, 오히려 조금 더 퇴보했다. 여러분은 그저 어중간한 그리스도인이다. 예수님이 요한계시록 3장 15-16절에서 "네가 차지도 아니하고 뜨겁지도 아니하고, 미지근하도다"라고 말씀하신 것이 그런 의미는 아니었을까?

'미지근하다'(lukewarm)는 단어의 뜻을 생각해 보라. 이 단어 속의 'luke'가 어디서 유래한 것인지는 잘 모르겠다. 하지만 우리는 지금 그것을 물이 차지도 뜨겁지도 않은 미지근한 상태라고 정의한다. 그 단어는 미지근함, 산의 중턱, 힘써 나아갔다면 이르렀을 자리에 한참 미치지 못한 어중간한 자리에 있음을 뜻하는 것이다. 만일 돌아서서 산 아래를 내려다본다면, 여러분은 더 이상 저 음산하게 그늘지고 안개 낀 골짜기에 있지 않다는 사실을 깨달을 것이다. 그러나 그렇다고 해도, 여러분이 이르렀어야 할 자리에 있는 것도 아니다. 그것이 우리가 미지근하다고 부르는 상태다. 도덕적으로는 철면피한 죄인보다 낫지만, 영적으로는 흠모할 만한 성도에 미치지 못하는 것이다.

나는 여러분에게 묻고 싶다. 과연 이런 상태가 그리스도께서 자신의 모든 사역을 통해 우리에게 원하시는 최선인가? 그분은 피와 영혼을 바치셨고, 십자가에서 고통스러운 죽음을 당하셨으며, 죽음을 이기고 부활하시고, 하나님 아버지의 우편으로 승천하셔서, 이 땅에 성령을 보내 주시고, 영감으로 완성된 신약성경을 주셨다. 어중간한 그리스도인의 삶이 그런 예수 그리스도께서 원하시는 최선이라 할 수 있는가? 나는 과연 주님께서 우리 그리스도인들이 어중간하게 성장한 후, 이내 성장을 멈추는 것을 용납하실지 의문이다. 성경의 명확한 가르침에도 불구하고, 하나님의 많은 백성이 성장을 멈출 뿐 아니라 스스로 자신의 성장을 막고 있다. 이는 분명, 하나님이 원하시는 바가 아니다. 어중간함은 신약성경이 인정하는 성도의 모습이 아니다.

위험과 불편을 감수하는, 십자가를 지는 삶

여러분은 왜 그렇게 많은 사람이 평범한 그리스도인이라고 불리는지 생각해 본 적이 있는가? 그것은 그들이 십자가를 지고 높은 곳을 향해 따라오라는 주님의 부르심을 들었지만 하나님과 흥정하려 들기 때문이다. 그 부르심을 따라 계속 나아가는 대신, 우리는 질문하기 시작했다. 하나님과 거래를 하려 들었다. 하나님과의 이런 거래는 내가 아는 신앙과 종교의 영역에서 매우 혐오스럽고 역겨운 일이다. 우리는 거듭난 그리스도인으로서 생명을 지닌 존재다. 그런데도 하나님이 우리를 높은 곳으로 부르실 때 우리는 하나님과 거래를 시작한다. "하나님, 부르심을 좇아 나아가고 싶기는 한데,

제가 어떤 대가를 치르게 될까요?"라고 묻는다.

형제자매들이여, 가혹하게 말하고 싶지 않지만, 만약 누군가 그리스도인의 삶에 따르는 결과를 염려한다면 그는 좋은 그리스도인이 아니다. 삶의 어떤 면에서도 영적 탁월함으로 구별되지 않는 그저 어중간하고 평범한 그리스도인일 뿐이다. 예수님은 제자들에게 예수님이 계신 곳에는 그들도 있을 것이므로 자기 십자가를 지고 따라오라고 명하시고, 그러면 하나님 아버지가 그들을 귀하게 여기시리라고 말씀하셨다(마 16:24; 요 12:26).

십자가를 지는 사람은 십자가의 결과가 무엇인지 이미 알고 있으므로 그것에 대해 묻지 않는다. 십자가로 인해 사용한 시간과 돈이 얼마일지 계산하고 그것으로 거래하려는 순간, 우리는 자신이 평범한 그리스도인에 불과함을 자신의 영혼에게 폭로하는 것이다. 이 설교를 통해 내가 오히려 하나님의 검의 칼날을 무디게 하는 건 아닐까 하는 의문이 든다. 주님이 마태복음 16장에서 십자가를 질 때 따르는 그 끔찍한 대가와 놀라운 보상에 대해 말씀하셨을 때보다(마 16:25-27) 내가 오히려 여러분이 십자가를 수월하게 여기도록 하고 있는 것은 아닌지 모르겠다.

사람들이 묻는 또 다른 질문이 있는데 이 질문은 훨씬 나쁘다. "그것은 편한가요?"라는 질문이다. 하나님의 사역이 어떻게 그 백성의 편의에 따라 좌우될 수 있단 말인가. 그리스도인의 삶에서 발생하는 모든 진보는 반드시 불편을 감수함으로써 이루어진다. 만약 어떤 일이 불편하지 않다면 그 안에 십자가가 없기 때문이다. 그리스도인의 삶이 순탄해지고 그 속에서 어떤 대가도 치르지 않는다면, 그 안에 어떤 어려움과 번거로움과 희생의 요소도 없다면, 우리는 전혀 앞으로 나아가고 있지 않은 것이다. 만약 늪과 봉우리 사이 중간 지점에 멈춰 서서 하찮은 천막을 치고 머물러 있다면, 우리는 그저 그런 어중간한 그리스도인일 뿐이다.

여러분은 편안한 십자가에 대해 들어본 적이 있는가? 나는 그런 것을 한 번도 들어본 적이 없다. 십자가의 길은 편하지 않을 것이다. 하지만 우리는 편안함을 찾아 두리번거린다. 산에 오르는 자들은 항상 위험한 상황에서 불편을 감수해야 한다.

예수님이 우리에게 말씀하시며 그분 앞에 나아오라고 부르시는 음성을 처음으로 들을 때, 그 음성에 순종하는 일이 재미있을지 물어볼 수 있겠는가? 그렇게 묻는 사람은 누구든 그저 평범한 그리스도인일 수밖에 없다. 그는 죽을 때까지 미지근한 상태에 머물 것이다. 어떤 식으로도 어떤 영적 자질로도 구별되지 않을 것이다. 성령이 주시는 어떤 은사로도 두드러지지 않을 것이다. 그는 결코 하나님을 더 깊이 알 수 없을 것이다. "재미있나요?"라고 묻는 그리스도인들은 기독교에게 재미를 달라고 요구한다. 많은 단체가 그런 사람들에게 재미를 제공하기 위해 시작되었다. 우리는 젊은이들을 위해 종교와 재미를 합치는 일에 전념하는 여러 단체를 알고 있다. 오늘날 젊은이들 역시 기성세대만큼이나 하나님 앞에서 책임이 있다는 사실을 잊지 말자. 예수 그리스도를 만나 회심한 10대는 70대 성도와 다름없이 불편과 희생을 받아들일 책임이 있다. 그러나 우리는 즐거움을 추구한다. 그리스도는 결코 유흥과 오락을 베풀지 않으셨지만, 우리는 사람들을 기독교로 더 끌어들이려면 유흥과 오락을 제공해야 한다고 생각한다. 이것은 바람직한 현상이 아니다.

그다음 질문은 "인기가 있나요?"라는 것이다. 사람들은 "나는 그리스도인입니다. 그리스도를 영접했어요. 정말입니다"라고 말한다. 우리는 지금 성장에 대해, 앞으로 나아감에 대해, 평균을 넘어서는 것에 대해 말하고 있다. 그 일은 대중적인가? 인기가 있는가? 다른 사람들도 그렇게 하는가? 그리스도인은 이런 사항을 물을 것이 아니라, 그 일이 하나님의 뜻인지를 물어야 한다.

천국은 하나님의 뜻이 이루어지는 곳이다. 반면 지옥은 그곳 사람들에게 행해질 심판 외에는 하나님의 뜻이 전해지지 않는 곳이다. 그리고 하나님의 뜻이 온전히 이루어지는 천국과, 하나님의 뜻을 전혀 행하지 않는 지옥 사이에는 하나님의 뜻을 따를지 말지 마음을 정하지 못하고 있는 사람들이 있다. "인기가 있는가?"를 묻는 이유는 홀로 서는 고통을 피하려는 것이다. 홀로 서는 것을 견디지 못하는 사람들이 있다.

나는 열일곱 살에 회심했다. 그때 우리 집에는 그리스도인이 아무도 없었다. 어머니는 집에서 학생들을 대상으로 하숙을 했다. 아버지도 살아 계셨고 형제자매들도 집에 함께 있었다. 우리 집은 항상 사람들로 가득했다. 하지만 나는 혼자였다. 늘 혼자였다. 나는 엘리야 선지자가 세 번이나 "오직 나만 남았거늘"이라고 말했을 때(왕상 19장)의 심정을 안다. 나는 그 집에서 홀로 떨어져 있었다. 사도행전 7장의 스데반만큼 숭고하게 홀로 서 있었다고 말할 수는 없지만, 그럼에도 내 주변에 그리스도인 한 명 없이 홀로 있었다. 나는 매우 힘들었다. 함께 교회에 갈 사람이 없었다. 아무도 식탁에서 고개 숙여 기도하기를 원하지 않았다. 그 누구도 성경을 알기 원하지 않았다. 홀로 서는 것은 정말 힘들었지만 하나님의 선하신 은혜로 나는 홀로 설 수 있었다. 그 결과 어머니가 회심했고, 다음엔 아버지, 그리고 나의 두 누이가 그리스도를 믿게 되었다. 아버지는 침례교인이 되셨고 천국에 가셨다. 어머니도 그리스도인으로서 세상을 떠나 역시 천국에 가셨다. 가족 중 다른 몇몇도 회심했다. 내가 만일 "하나님, 이 일이 인기가 있을까요? 내가 치러야 할 대가는 무엇인가요?"라고 물었다면 내 가족들은 하나님을 만날 수 없었을 것이다.

만물을 새롭게 하시는 하나님

잠시 생각해 보자. 어떤 사람들은 이런 질문을 한 데 대해 죄책감을 느껴 본 적이 있을 것이다. 그리스도를 자신의 구주로 영접했고 변화가 시작되었음을 알고 있음에도 이렇게 묻는 것이다. "하나님, 만일 제가 하나님을 더욱더 찾는다면 어떤 대가를 치러야 할까요? 하나님, 이 길을 계속 가는 것이 안전할까요? 편할까요? 재미있을까요? 정말 나는 홀로 서 있어야 하나요?" 나는 이렇게 질문하는 것은 구차하고 부끄러운 일이라고 생각한다. 자신이 어중간하고 평범하다는 증거라고 생각한다. 여러분은 삶을 돌아보며 염려해서는 안 된다. 확신을 갖고 스스로를 탓하지 말자. 우리의 좌우명을 기억하라. "이제 앞을 바라보라. 뒤는 그냥 내버려 두라."

하늘의 불을 훔친 죄로 바위산에 묶인 프로메테우스는 카멜레온처럼 자기가 원하는 대로 겉모습을 바꿀 수 있는 고대 그리스의 신이었다. 눈 속에서는 하얗게, 탄광 안에서는 검게 변할 수 있었다. 그는 변화무쌍한 신이었다. 바울은 그런 신들은 없다고 말하지만, 나는 단지 바울이 했던 것처럼 예를 들어 말하고 있을 뿐이다.

교만은 마귀에게서 온 것이다. 교만은 프로메테우스와 비슷한 점이 있다. 교만은 어디서든 자신의 색을 바꾼다. 만일 교만이 자유주의적 교회의 모습을 띠고 있다면, 흰 장갑을 끼고, 교회에 속한 많은 판사와 의원을 자랑스럽게 바라볼 것이다. 만일 교만이 근본주의적 교회의 모습을 띠고 있다면 또 색을 바꾸어 축자영감설을 믿는다는 사실에 우쭐대며 미소를 지을 것이다. 만일 우리같이 더 깊은 영적 성장을 추구하는 교회의 모습을 띠고 있다면, 다시 색을 바꿀 것이다. 주님과 더 깊은 동행을 추구하는 그리스도인들은 종종 그 모습을 뽐내고 싶은 유혹에 빠진다. 다른 한편, 그렇지 않은 사람들은 경건한 삶을 살려는 의욕을 상실하고, 좌절하고 포기하라는 유혹을 받는다. 명심하라. 교만은 마귀에게서 온 것이다.

새로운 시작의 하나님을 바라보라

나는 수십 년 동안 목회 사역과 기도와 성경 공부를 해 오면서 평범한 그리스도인이 어떤지에 대해 잘 알게 되었고,

그것을 여러분들에게 펼쳐 보이고자 했다. 만일 평범한 그리스도인에 대한 내 설명을 듣고 낙담했다면, 부디 그러지 말기를 당부한다. 그것은 교만이다. 지금 여러분은 그동안 살아온 방식에 대해 부끄러움을 느낄 것이다. 이제껏 스스로에게 자부심을 품고 있다가 자신의 적나라한 모습과 마주치면 자연스럽게 수치스러움을 느낄 수밖에 없다. 하지만 이것은 교만이다. 걱정을 내려놓고 자신에 대해 생각하기를 멈춰야 한다. 그리고 이제 앞을 내다보고, 뒤는 그냥 내버려 두라.

여러분 삶의 '뒤편'에는 무엇이 있는가? 주님이 그 모든 것을 돌보시도록 맡겨 드릴 수는 없을까? 하나님은 즉시 용서하시며, 그분의 너그러운 사랑으로 인해, 그리고 우리의 순수한 마음이 회복될 때, 어린양의 피와 그 피로 인한 우리의 의로움을 보시고 용서를 베푸신다. 주님의 보혈이 우리를 존귀하게 하신다. 나는 온 마음으로 "예수님의 보혈로 우리는 존귀해졌습니다"라는 이 찬송 가사를 강조하고 싶다. 참으로 "그 보혈이 우리를 존귀하게" 한다.

만일 뒤돌아서서 채찍질 고행자들(Flagellants)처럼 스스로를 때리고 피가 흐를 때까지 채찍질하며 회개함으로써 영성을 드러내려고 한다면, 우리는 그저 자신에게 호들갑을 떨고 있을 뿐이다. 호들갑을 멈추라. 그리고 이제 앞을 바라보라. 눈을 들고 자기 자신 바라보기를 멈출 때에야, 비로소 우리는 앞으로 나아갈 수 있다.

사람의 눈은 안이 아니라 밖을 보도록 만들어졌다. 하나님은 여러분과 내가 안이 아니라 밖을 보도록 하셨다. 영어의 '자기 성찰'(introspection)이란 긴 단어는 그 자체에 뜻이 다 담겨 있다. 이 단어는 '나는 본다'는 뜻의 'spectro'에서 온 'spect'와 '안'이라는 뜻을 가진 'intro'의 합성어다. 그래서 우리는 자신의 안을 들여다본다. 그러나 또 다른 단어가 있다. 바로 '앞을 내다보다'라는 뜻의 '프로스펙트'(prospect)이다. 그러니 우리는 이제 뒤돌아보지 말자.

믿음의 형제자매여, 만일 여러분이 앞으로 나아가려 한다면 뒤돌아가 잘못된 모든 것을 캐내려 하는 한 결코 어떤 진전도 이룰 수 없을 것이다. 그것은 용의 이빨을 땅에 뿌렸는데 이빨 하나하나가 다 용이 되었다는 이야기와도 통한다. 자신에 대해 파고들면 파고들수록 잘못은 용의 이빨처럼 증식되어 나타나고 결국 자신을 더 해치게 된다. 그것은 자신에 대한 수술을 감행하는 것이나 매한가지다. 그저 우리 자신을 파헤치며 자신을 계속 정죄하고 자책하면서 허우적대다가 보혈과 하나님의 선하신 은혜를 완전히 망각하게 될 뿐이다.

지금 당장, 여러분이 있는 그 자리에서 시작해야 한다. "보라 내가 만물을 새롭게 하노라"(계 21:5). 그분은 새로운 시

작의 하나님이시다. 이제 앞을 바라보고, 뒤는 그냥 내버려
두라.

자신을 그만 탓하고 앞으로 나아가라

우리가 기뻐할 수 있는 이유는 예수 그리스도가 흘리신
피로 이전 것들이 다 지나갔기 때문이다. 만약 여러분을 극
진히 돌보아 주셨던 하나님의 은혜에 진심으로 그리고 지체
없이 송구함을 표하면,《천로역정》주인공 크리스천의 죄 짐
이 떨어져 나가 산비탈로 굴러 떨어진 것처럼 하나님은 여러
분의 죄 짐도 없애 버리실 것이다. 거기서부터는 뒤돌아보
지 말고 앞으로만 나아가야 한다. 만일 과거에 저지른 실수
와 죄를 계속 돌아본다면, 평범하고 별 볼 일 없이 어중간한
자신을 계속 곱씹고 있다면, 영적으로 구별되지 못한 삶을 산
것이 계속 후회된다면, 그것은 여러분을 산 중턱 바위에 못
박아 버릴 것이다.

그래서 이제 해야 할 일은 자신을 그만 탓하는 것이다.
우리는 자주 자신을 낮추려는 마음을 이겨 내기는 꽤 쉬운 반
면, 후회하고 끊임없이 자책하는 마음을 이겨 내기는 그리 쉽
지 않음을 알게 된다. 자신을 탓하지 말자. 하나님은 우리의

형질을 아신다. 만약 여러분이 해체되어 여러분을 구성하고 있는 먼지 한 톨로 하나님 눈앞에서 떠다닐 정도가 되면, 여러분은 하나님께 어떤 말도 하지 못할 것이다. 하나님은 여러분이 먼지임을 아신다. 그리고 만일 여러분이 자신의 삶을 되돌아보며 도움이 될 만한 모든 기억을 파헤친다 해도, 여러분은 하나님께 아무 말도 하지 못할 것이다. 하나님께서는 그 모든 일을 이미 다 아시기 때문이다. 하나님의 은혜와 자비를 송축하는 시편 103편은 얼마나 위로가 되는 말씀인가. 나는 시편이 기록되게 하신 하나님께 감사드린다. 그분은 우리의 형질을 아신다. 아버지가 자기 자녀를 불쌍히 여기듯이 하나님은 그분을 두려워하는 자들을 불쌍히 여기신다. 하나님은 우리의 형질을 아시기 때문이다. 하나님은 우리가 진토일 뿐임을 기억하신다.

우리는 평범한 그리스도인의 특징을 자세히 살펴보았다. 나는 최선을 다해 그들에 대해 설명했다. 우선 그들은 왜 평범한지 여러 이유를 들었다. 이제 평범한 그리스도인이 자신이 처한 곤경에서 무엇을 할 수 있을지를 다룰 것이다. 그리고 특별한 그리스도인의 문제로 넘어가서, 어중간한 상태를 벗어나 더 이상 바위에 못 박혀 있지 않은 사람에 대해 이야기할 것이다. 그는 풀려났고 앞으로 나아간다.

이 책을 통해 약 600년 동안 우리에게 주님의 가르침을 들려준 우리의 옛 형제,《하나님을 감추는 구름》의 저자는 말한다. "이제 앞을 바라보고, 뒤는 그냥 내버려 두라!"

Toward a More

Perfect Faith

제2부

온전한 믿음을 향해
나아가다

3장

연약하고 가련하며
나태한 저를
깨워 주소서

앞서 우리는 이른바 평범한 그리스도인에 대해 살펴보면서 신자들의 영적 성장의 첫 단계를 알아보았다. 평범한 그리스도인은 대체로 그들을 구별시켜 줄 만한 어떠한 영적 탁월성도 보여 주지 못한다. 약 600년 전 책인《하나님을 감추는 구름》에서 처음 소개했던 것처럼 대부분의 그리스도인들이 이 범주에 속한다. 우리는 이 사실을 바로 인식하고, 적어도 특별한 그리스도인은 될 수 있도록 정진해야 한다.

그리스도 안에 거하고 그리스도를 얻으려는 열망

빌립보서 3장에서 바울이라는 이 기이한 사람을 주목해 보자. 논리의 대가인 그가 여기에서는 마치 새장을 벗어난 새처럼 논리를 벗어나 저 멀리 날아간다. 바울은 그리스도를 얻으려 한다고 말한다(빌 3:8). 그는 이미 그리스도를 소유한 자였음에도 그리스도를 얻으려 한다고 비장한 목소리로 말한다. 또한 이미 그리스도 안에 있음에도 "그 안에서 발견되려" 한다고 말한다(빌 3:9). 우리는 '그리스도 안에 있음'과 관련된 교리를 배우기 위해 어떤 성경 기자들보다도 바울을 가장 의지한다. 그런데 바울은 이미 그리스도 안에 있음에도 그 안에서 발견되려 하고, 이미 그리스도를 알고 있음에도 그리스도를 알고자 한다고 말한다(빌 3:10). 그는 다음과 같이 간증했다. "내가 그리스도와 함께 십자가에 못 박혔나니 그런즉 이제는 내가 사는 것이 아니요 오직 내 안에 그리스도께서 사시는 것이라 이제 내가 육체 가운데 사는 것은 나를 사랑하사 나를 위하여 자기 자신을 버리신 하나님의 아들을 믿는 믿음 안에서 사는 것이라"(갈 2:20).

빌립보서 3장 14절에서 바울은 이미 얻었다 여기지 않고 푯대를 바라보고 그것을 향하여 달려간다고 말한다. 그는 잡으려고 애쓰고 있었다. 즉, 그리스도를 붙잡기 위해 온 힘을 다하고 있다.

이것은 현대 교회의 모습과 얼마나 크게 다른가? '내가 ~하려 한다'는 바울의 이 열정적인 표현을 보라. '내가 ~하려 한다'는 바울의 말은 오늘날 교회 안에서 '나는 ~을 가지고 있다'는 말로 대체되었다. 우리는 어떤 말씀을 인용할 수 있으면 그 말씀에 대한 경험도 있는 양 여긴다. 이는 곧 문자주의 신앙이며 참으로 괴이한 일이다. 내 생각에 이는 영적 진보의 가장 큰 장애물이며 하나님의 교회에 불어닥친 매우 무섭고 차가운 바람이다. 나는 퍼스트내셔널은행(the First National Bank) 주변을 배회할 수 있다. 그렇다고 그 은행의 돈이 한 푼이라도 내 것이 되지는 않는다. 마찬가지로 성경 말씀을 들여다보고 암송한다 해도 그 암송한 말씀이 결코 내 것이 되지 못할 수 있다.

'내가 ~하려 한다'는 언제나 바울을 몰아붙이는 말이었다. 하지만 이제 그 말은 '나는 ~을 가지고 있다'로 대체되어 버렸다. 오늘날 교회에서는 말한다. "당신이 그리스도 안에 있으니 감사하라. 당신이 그리스도를 소유했으니 감사하고 더 나은 삶을 살기 위해 힘쓰라. 조만간 주께서 오실 것이며, 그때 당신이 무엇을 가졌는지 보게 될 것이다." 바울이 했던 말과 오늘날 우리가 교회에서 듣는 말은 완전히 다르다. 서로 공존할 수 없는 말이다. 시냇물을 찾기에 갈급한 사슴처럼 하나님을 갈망했던 바울의 언어를 보라. 그 갈망이 느껴지지 않는가. 우리는 그런 갈망을 낯설어한다. 우리는 성경 본문의 헬라어를 분석하고 연구해 무슨 뜻인지 밝혀 낸 후 "이 정도면 충분하지 않아?"라고 말한다. 그만하면 됐다는 뜻이다. 이것이 오늘날 우리의 실정이다.

그러나 바울은 말한다. "푯대를 향하여 그리스도 예수 안에서 하나님이 위에서 부르신 부름의 상을 위하여 달려가노라"(빌 3:14). 어떤 사람들은 이 구절의 의미를 왜곡해, 우리가 마침내 상을 받으리라는 핑크빛 약속의 말씀으로 바꾸어 생각한다. 그리스도께서 다시 오실 때 바울 자신이 상을 받으리라는 의미로 이렇게 말했다고 해석한다. 그러나 이 구절에는 그리스도의 다시 오심에 대한 언급이 없다. 그저 그리스도께 잡힌 바 된 그것을 적극적으로 잡으려는 현재의 노력을 말하고 있을 뿐이다.

순종하기 싫어서 말씀 듣기도 거부하는 사람들

안타깝게도 내 말을 알아듣지 못하는 사람들이 있다. 이 가르침을 받아들이지 못해서 앞으로 나아갈 수 없는 사람들이 있다. 반면에, 내 말을 경청하고 그에 응답하는 사람들도 있다. 더러는 내가 '만족주의'라고 부르는 고질병 때문에 죽은 듯 멈추어 있다. '만족주의'를 주장하는 이들은 말한다. "당신은 그분 안에서 완전하다. 그러므로 기뻐하라. 당신은 완전하므로 다른 무엇을 더 할 필요가 없다." 그렇기 때문에 그들에게는 앞으로 나아가기 위한 어떤 노력도 일종의 광신으로 취급된다. 지난 몇 년간 사람들은 신약성경, 특히 로마서 주해에 열을 올렸다. 그러나 '잘못 주해하다'란 뜻을 가진 단어가 있다면, 그들에게 그 말을 쓰고 싶은 심정이다. 그들의 해석은 우리를 죽은 듯 멈추어 서게 하고 나아가려는 의지를 상실하게 만든다.

자신이 따르고 싶지 않은 일부 진리들 때문에 이 가르침을 들으려 하지 않는 사람들도 있다. 명심하라. 예수님은 여러분이 순종하려 들지 않는 진리를 놓고 여러분과 열띤 언쟁을 벌이지 않으실 것이다. 만약 무엇인가 내키지 않거나, 자백하고 싶지 않거나, 교정받고 싶지 않거나, 순종하고 싶지 않아서 이 가르침을 거부하고 어떤 지점에 멈추어 있다면, 앞으로 여러분은 완전히 멈추고 말 것이다. 마치 트럭이나 자동차의 차축이 부러진 것과 같다. 차축이 부러진 차는 더 이상 운행할 수 없어 완전히 멈춰 버린다. 더 나아갈 수 없다.

교회 곳곳에 이런 사람들이 자리만 차지하고 있다. 그들이 구원받지 못했다고 말할 수는 없다. 그들은 그리스도를 신뢰하고 있다. 진심으로 자신의 죄가 용서받았다고 믿는다. 그리스도인이 되었다고 간증하고 다닌다. 하지만 그들의 차축은 부러졌고, 25년간 단 1킬로미터도 전진하지 못했다. 여러 해 동안 많은 훌륭한 설교를 들었지만 그 말씀에 순종함이 없어서 차축이 부러진 채 완전히 멈춰 선 사람들이 교회 안에도 부지기수다.

또 어떤 이들은 계속해서 낙담하고 있는 모습을 그리스

도인의 정상적인 상태로 받아들임으로써 내가 가르치는 하나님 말씀을 듣지 못한다. 그들은 자칭 신자라고 하지만, 그 말씀을 자신의 것으로 받지 않는다. 그들은 다른 사람들에게는 그 말씀이 필요하다고 믿지만, 자신에게는 그 말씀이 아무 소용없다고 말한다. 그들은 말한다. "저는 웬만한 교회는 다 가봤어요. 성경을 가르쳐 주는 콘퍼런스에도 참석했고요. 그리스도인은 앞으로 나아가며 승리하는 삶을 살아야 한다는 것을 믿어요. 그러나 내가 그렇게 해야 하는지는 잘 모르겠어요." 그래서 그들은 계속해서 낙담한 상태에 빠져 있다.

낙담과 불신은 거의 다를 바 없기에 둘 다 이런 생각을 불어넣는다. "그래요. 저는 목사님이 다른 사람들에게 하시는 설교는 옳다고 믿어요. 그러나 나에게 주시는 말씀은 못 믿겠어요. 다른 때라면 믿을 수 있겠지만 지금은 못 믿겠어요. 다른 곳에서는 믿을 수 있겠지만 여기서는 못 믿겠어요." 여러분은 이 말이 겸손과 온유함의 표현이라고 생각할지 모르지만 이것은 겸손도 온유함도 아니다. 그저 불신에서 비롯된 낙담일 뿐이다. 오랫동안 병상에 누워 있으면서 더 이상 회복되지 못할 것이라고 믿는 사람처럼 그들은 만성적인 낙담에 빠져 있다.

여러분은 예수님이 성문 곁 베데스다 연못에 있는 병자를 보셨을 때를 기억하는가? 예수님은 "네가 낫고자 하느냐"(요 5:6)라고 물으셨다. 왜 그렇게 물으셨을까? 신약성경에서 예수님은 다른 누구에게도 그렇게 묻지 않으셨다. 아픈 사람이라면 누구라도 낫기를 원하지 않겠는가? 하지만 일반적으로 사람들은 일정한 시점까지만 병이 낫기를 원한다. 만성적 질병을 가진 채 오랫동안 지내게 되면 사람들은 그 병이 마치 반려동물이라도 되는 양 떠나보내고 싶지 않을 수도 있다. 병이 낫고 나면 자기중심적인 대화를 더 이상 하지 못할 것이기 때문이다. 그들은 자신을 일종의 순교자처럼 여기며 동정한다. 그리고 자신의 질병을 마땅히 짊어져야 할 십자가로 여기면서 고치려고 하지 않는다. 심각하지 않은 고질병을 안고 사는 법에 익숙해진 것이다. 만약 그 질병이 활활 타오르는 불처럼 무섭게 닥친다면 그들은 두려워할 것이다. 그러나 20년 동안 병을 앓았지만 죽지 않고 버티고 있다면, 혹시 20년은 더 이렇게 살 수 있지 않을까 생각하게 된다. 그래서 굳이 나으려고 하지 않는다.

예수님은 "네가 낫고자 하느냐"라고 물으신 후, 그 병자가 낫기를 원하자 고쳐 주셨다. 만일 예수님이 그에게서 오늘날 대부분의 그리스도인들이 가진 만성적 무기력함을 보셨다면, 그를 그냥 지나치셨을 것이다.

극단적인 사람이 이루는 영적 진보

많은 사람이 내 가르침을 듣지 못하는 또 다른 이유가 있다. 그들이 체면을 숭배하기 때문이다. 나는 이에 대해 글을 써 보고 싶었다. 종교적인 모임에서 이런 체면 숭배를 자주 목격하기 때문에, 내 안에도 있을지 모를 이런 습성을 없애고 싶었기 때문이다. 우리는 멋지고, 적절하고, 침착하고, 차분하고, 다재다능한 사람들이 되려고 한다. 여기서 나는 '마침맞다'라는 단어를 쓰려고 한다. 우리는 마침맞은 사람이 되는 법을 배워 왔다. 이 세상에서는 마치 사람들이 스크루드라이버를 들고 우리에게 달려와서는 어떤 일에 딱 들어맞는 사람이 되도록 우리를 조정하려는 듯하다. 우리는 마침맞은 사람이 되기 위해 학교에 간다. 교회도 정신의학적 사고방식을 도입하여 스크루드라이버로 사람들을 조정해서 어딘가에 딱 맞추려 한다. 이렇듯 사람들은 이 세상에서 마침맞은 존재가 되기를 원한다.

누구도 극단적인 인상을 주지 않으려고 애쓴다. 모두가 원만하고 적절하게 잘 조정된 사람, 폭넓으면서도 균형 잡힌 사람이 되기 원한다. 그리스도인들은 예수님을 비롯해서 탁월한 영성을 지녔던 모든 성도가 처음에는 극단적이고 심지어 미친 사람으로 여겨졌음을 잊어버렸다. 우리는 찰스 웨슬리와 존 웨슬리 형제의 찬송을 부르며 마치 그들이 성자라도 되는 듯 이야기한다. 물론 그들은 정말 그런 사람들이었다. 하지만 그 시대에 존 웨슬리는 사람들이 계란을 던져 대는 바람에 제대로 된 옷 한 벌조차 없었다는 사실을 아는가? 오늘날 감리교도들은 자신들의 교단 설립자요 옥스퍼드 출신의 박식한 엘리트가 전도의 열정이 너무나 불타올랐던 나머지, 사람들에게 계란과 돌 세례를 받아 상처투성이가 되곤 했다는 사실을 안다면 깜짝 놀라서 기절할지도 모른다. 그는 얼마간 정신 나간 사람 취급을 받았으며, 영적 진보를 이루었던 대부분의 다른 사람들도 그랬다.

삶의 모든 영역에서 멋지고, 적절하고, 침착하고, 차분하며, 사회에 잘 적응하고, 균형 있게 발전한 사람이 되려는 생각은 그저 체면 숭배나 다름없다. 아무도 극단적인 사람으로 여겨지기를 원하지 않는다. 신앙적으로도 마찬가지다. 그래서 우리는 종종 회심하고도 그 시작점에 그대로 멈춰 있다. 그럼에도 성경이 합당하다 여기는 자들이 얼마간 있다는 사실에 감사를 드리자. 요한계시록 3장 4절에는 "흰옷을 입고 나와 함께 다니리니 그들은 합당한 자인 연고라"라고 말씀한다. 나는 주님이 이 구절에서 정확히 어떤 사람들을 뜻하셨는지 모른다. 그러나 분명한 것은 영적으로 퇴보해 대체로 마음이 차갑게 식어 버린 시대에도 이처럼 합당한 자들이 얼마간 있었다는 점이다. 그들은 다른 이들과는 충분히 달랐고, 그들에 대해 묘사된 것처럼 흰옷을 입고 주님과 함께 다녔으며 그러기에 합당했다.

우리가 아무것도 아니었을때, 앞서 행하신 하나님

나는 단지 내가 더 잘 안다는 이유로 여러분의 마음에 열망을 자극하려는 것이 아니다. 내가 여러분 마음속의 열망을 자극할 수 없음을 안다. 짜증나게 하거나 신경을 긁어 놓을 수는 있겠지만 마음에 열망을 불어넣어 줄 수는 없다. 약 600년 전의 친애하는 저자가 예스러운 말투로 하는 말을 들어 보라. "우리 주님은 크나큰 자비로써 그대를 부르시며 그분께로 이끄셨나니." 이런 고백은 어떻게 가능한가? 마음의 열망이 있어야 한다. 여러분의 마음에 그런 열망을 불어넣어 주시는 분은 하나님이시다. 한번은 내가 "하나님은 언제나 앞서 행하신다"라고 한 누군가의 말을 인용한 적이 있는데, 이제 그 말은 제법 잘 알려진 문구가 되었다. 하나님은 항상 앞서 행하신다. 항상 먼저 그곳에 가 계신다. 이 말을 했던 사람은 주님이 크나큰 자비로써 이렇게 하셨음을 알고 있었다. 여러분에게 하나님을 향한 갈망이 조금이라도 있다면 그것은 하나님이 먼저 여러분의 마음에 불어넣어 주신 것이다.

《하나님을 감추는 구름》은 계속해서 말한다. "그대들이 세상 친구들과 어울리며 평범한 수준의 삶을 살고 있을 때, 그대들이 아무것도 아니었을 때, 그대들을 만드신 하나님의 영원하신 사랑으로써." 여러분은 자신이 존재하지 않았던 때를 기억하는가? 물론 나는 내가 존재하지 않았던 때를 기억하지 못한다. 하나님은 영원한 사랑을 통해 존재하지 않았던 우리를 존재하게 만드셨다.

이제 정리해 보자. 하나님은 미리 앞서 행하셨다. 여러분이 먼저 하나님께 연락드리지 않았다. 그 누구도 천국으로 연결되는 직통 전화번호 같은 것을 알지 못한다. 왜냐하면 여러분은 아직 존재하지도 않았기 때문이다. 심지어 여러분은 하나의 생각으로서도 존재하지 않았다. 하지만 하나님은 신적인 영원한 사랑으로써 여러분이 존재하지 않았을 때 여러분을 만드셨다. 또 우리가 원죄로 인해 하나님과 멀어졌을 때 그 아들의 귀중한 피로 값을 지불하시고 우리를 사셨다. 다시 한 번 말하지만, 하나님은 여러분보다 앞서 행하셨다. 나는 선행적 은혜를 믿으며, 성령의 도움 없이 사람이 더 깊은 영적 삶이나 하나님 나라로 인도받을 수 있다고는 믿지 않는다. 하나님께서 먼저 행하셔야 가능하다.

여러분이 아무것도 아니었을 때 하나님은 여러분을 만

드셨다. 하나님은 여러분이 그저 공허함 속의 무(無)였을 때, 팔다리와 머리와 심장을 주시며 인간으로 만들어 그 안에 생명을 불어넣고 생령이 되게 하셨다. 하나님은 자신의 신성에 맞는 영원한 사랑으로써 그렇게 하셨다. 이 진리를 가르치면 가르칠수록 나는 우리 그리스도인이 발을 담근 하나님의 더 큰 영광의 바다를 보게 된다.

《하나님을 감추는 구름》은 아담 이후 여러분이 하나님과 멀어졌을 때 하나님이 값을 치르고 여러분을 사셨다고 말한다. 그리고 계속해서 부드러운 어조로 말한다. "하나님은 그대들이 그분에게서 멀어지는 것을 그냥 보아 넘기지 않으실 것입니다." 하나님은 그것을 허락하지 않으신다. 참지 못하실 것이다. 바로 그 하나님이 여러분이 아무것도 아니었을 때 여러분을 만드셨고, 죄인이었을 때 구속하셨다. 하나님은 여러분의 삶이 외적으로나 내적으로 하나님에게서 멀어질 때 결코 방임하지 않으실 것이다. 그래서 "하나님은 은혜로써 여러분의 열망을 불같이 불러일으키셨다." 이것은 여러분에게도 해당되는 말인가? 주변 사람들은 모두 대규모 공개 토론이나 교회 건축 같은 사안으로 만족할 때, 여러분은 은혜로써 불현듯 열망이 솟구쳐 활활 타올랐던 적이 있는가?

최근 나는 교회 건축에 대한 글이 실린 잡지를 읽었다. 기사들은 교회의 위치 선정에 유의해야 한다는 등 최고 전략

들을 상세히 설명하고 있었다. 좋은 위치를 정하고 적은 예산으로 건물을 지었던 다른 교회의 성공담도 싣고 있었다. 그러나 불행히도 그 내용은 모조리 외적인 것뿐이었다. 구석구석 다 둘러봐도 심장을 뛰게 하는 내용은 하나도 없었다. 우리는 자주 그런 삶을 산다. 그러나 어느 날 갑자기 하나님이 "은혜로써 여러분의 열망을 불같이 불러일으키시고 그 열망을 간절함의 끈으로 동여매"신다. 어린양을 끈으로 묶어서 이끄시는 하나님의 모습을 상상해 보라. 하나님은 우리에게 주신 열망을 간절함이라는 끈으로 묶으셨다. 친애하는 옛 저자는 말한다. "하나님은 그대들의 열망을 불같이 불러일으키시고 … 그 열망을 간절함의 끈으로 동여매십니다." 열망이라는 불덩이를 가진 주님이 그 불을 어떻게 이끌고 가시는지 주목해 보라. 불덩이를 줄로 묶어서 이끌고 가신다.

우리 안에 일어나는 불같은 열망

하나님은 항상 앞서 행하시는 분이라는 대목과 관련해, 나는 하나님을 이해하는 데 있어 논리가 지닌 명백한 문제점을 지적하고 싶다. 논리가 지닌 문제점은 그것이 유익이 없다는 것이다. 논리에 관한 불편한 진실은 그것이 늘 여러분을 어딘가에 구속시킨다는 점이다. 하나님을 이해하려 할 때 논리는 사방으로 무너져 내린다. 바울은 말한다. "나는 그분을 이미 알고 있으며 또 알기 원한다. 나는 그분을 이미 얻었고 또 얻기 원한다. 그분은 내 안에 계시지만 나는 아직도 그분을 구하고 있다." 바울 사도님, 도대체 무슨 말씀을 하시는 건가요? 바울이 말하려는 바는 바로 이것일 것이다. "논리적으로 말이 안 된다는 것을 알아. 하지만 영적인 일이란 원래 그래."

그래서 옛 저자는 이렇게 말하는 것이다. "그대들이 아무것도 아니었을 때 하나님이 그대들을 만드셨고, 또한 그대들이 죄인이었을 때 그분이 그대들을 구속하셨습니다. 그러고 나서 여러분이 평범한 삶 속에서 허우적대고 있자 하나님은 가장 큰 은혜로써 여러분의 열망과 간절함을 '불같이 불러일으키시고', 그것들을 끈으로 동여매셨습니다." 이것을 완벽하게 설명하기는 힘들다. 그러나 친애하는 옛 저자는 한 사람이 불덩이를 끈에 묶어 길을 가고 있다고 묘사함과 동시에 그것이 하나님이 그를 위해 하고 계신 일임을 이중적으로 나타냄으로써 자신의 복잡한 비유가 전혀 문제가 없다고 생각한다. 그는 말한다. "그대들은 평범한 그리스도인입니다. 그대들을 그리스도인으로 보여 주는 두드러지는 특징을 지니고 있지 않습니다. 그대들은 그저 또 한 명의 사람일 뿐인데,

온전히 은혜로써 열망이 일어나 그대들의 마음에 간절함의 불길이 번졌습니다. 하나님은 그 열망과 간절함을 끈으로 묶어서 그대들을 보다 특별한 삶으로 이끌어 가십니다. 그것은 하나님의 특별한 종이 되어 하나님을 섬기는 삶입니다."

여기에는 자랑할 것이 없다는 사실을 이해해야 한다. 무슨 자랑이 있을 수 있겠는가? 친애하는 옛 저자와 바울과 여러 사람이 말하듯, 우리 중 누구도 아무것도 한 일이 없고 오직 하나님께서 모든 일을 하셨다. 여러분 자신을 구원하는 일은 마치 여러분 자신을 창조하려는 것과 같다. 두 가지 모두 여러분이 할 수 없는 일이다. 이렇듯 여러분의 마음속에 어떤 갈망을 불어넣으려는 것은 마치 여러분이 자신을 구원하려는 것과 같다. 영적인 갈망은 반드시 하나님에게서만 올 수 있다. 만일 그 갈망이 하나님에게서 온 것이 아니라면, 그리고 여러분이 영적 수렁에 빠져 있다면, 나로서는 해 줄 일이 없다. 만일 여러분이 만족주의에 빠져 멈춰 서 있다면, 진리를 듣고도 순종하지 않는다면, 만성적인 낙담 상태에도 문제의식을 느끼지 못한다면, 영성보다 체면을 중시한다면, 나는 여러분을 위해 어떤 것도 해 줄 수 없다. 왜냐하면 나는 어떤 영적인 갈망도 심어 줄 수 없기 때문이다. 그것은 내가 할 수 있는 일이 아니다.

젊은 시절 나는 남부로 내려가 기차에서 땅콩, 팝콘, 껌,

사탕, 책들을 팔곤 했다. 그러나 결국 그만둘 수밖에 없었는데, 종점까지 가는 동안 앉아서 책을 읽다가 거의 아무것도 팔지 못했기 때문이다. 그래도 한 가지 일이 기억난다. 우리는 기차의 일반 객실을 돌며 승객들에게 소금 뿌린 땅콩을 몇 알씩 나누어 주었다. 객실 통로를 처음 지나갈 때는 아무도 땅콩을 원하지 않았지만, 되돌아오는 길에는 모두 더 먹고 싶어 했다. 왜냐하면 이미 그 땅콩 맛을 보았기 때문이다. 다들 한 봉지씩 사고 싶어 했다. 하지만 나는 지금 여기서 여러분을 위해 그런 일을 해 줄 수는 없다. 불가능하다. 내가 하나님을 향한 갈망을 주입해 줄 수는 없다. 만일 여러분에게 하나님을 향한 간절함이 없고, 영적으로 평범한 수준의 삶에 머물며, 어떤 갈망도 품지 않는다면, 하나님께서 여러분 안에 온전한 은혜로 그것을 불붙이지 않으신 것이다. 여러분 안에 갈망을 불붙여 주시고 사랑의 줄로써 그것을 묶지 않으신 것이다. 여러분이 해야 할 일은 그저 성경으로 돌아가 그 말씀을 붙들고 기적적으로 천국에 이르기를 구하는 것뿐이다.

성경과 성령으로 인도하시는 하나님

영적 도전들은 모두 외부에서 일어나기 전에 내부에서

먼저 일어났음에 주목하라. 영적 도전들은 밖으로 드러나기 전에 안에서부터 시작된다. 이 열망의 불, 갈망의 끈, 새로운 금은보화들을 캐내기 위해 하나님의 산을 탐험하려는 이 열망은 우선적으로 내면을 향한다. 외면적으로 드러나는 것은 그다음이며 오직 부차적일 뿐이다. 만일 여러분이 몇 해에 걸쳐 아브라함이나 믿음의 영웅들 중 한 사람을 연구한다면, 모든 일은 밖에서 일어나기 전에 먼저 안에서부터 일어났음을 알게 될 것이다. 여러분은 외부에서 온갖 변화를 만들어 낼 수 있다. 그러나 내면에서 마음을 움직이는 변화는 그렇게 되지 않는다. 표면적으로만 말한다면, 선교사가 되어 선교 현장에 나가 일생을 보낼 수는 있다. 그렇다 하더라도 여러분의 영적 삶이 지닌 한계를 결코 벗어나지 못할 수도 있다.

한 번은 은퇴 선교사 한 분이 내가 설교하던 강단에 오셔서 무릎을 꿇은 적이 있다. 처음에는 그에게 다가가기가 망설여졌다. 나는 그를 존경하고 있었기 때문이다. 아프리카 선교 현장에서 일평생을 바친 연로한 선교사였다. 하지만 결국 그에게 다가가서 "형제님, 필요한 것이 있으신지요?"라고 물었다. 그가 대답했다. "토저 형제, 저를 아시지요? 저는 선교사로 일생을 보냈습니다. 하지만 지금껏 한 번도 성령으로 충만했던 적이 없답니다. 저는 성령 충만에 대해선 아무것도 모릅니다. 성령 충만한 그리스도인이었던 적이 없으니까요."

그는 몸으로는 선교 현장에 나가 있었지만 영혼으로는 그렇지 않았던 것이다. 나는 모든 사람이 다 발걸음을 선교 현장으로 옮기길 바라지 않는다. 여러분은 온 세상을 누비고 다닐 수 있다. 호주 원주민과 문명의 혜택을 받지 못하는 뉴기니의 다니족에도 갈 수 있지만, 정작 여러분의 마음은 그곳에 없을 수도 있다.

하나님과 친밀하게 동행하기 원하며 그렇게 할 사람들을 위해 나는 《하나님을 감추는 구름》이 전한 말을 조금 더 언급하고 싶다. 이 책은 말한다. "이제 위를 보라. 약하고 가엾은 자여, 그대가 누구인지 보라. 그대가 무엇이고, 그대가 가진 것이 무엇이며, 그대에게 우리 주님의 부르심을 받을 만한 어떤 공로가 있는지 보라." 그는 여러분이 누구이고 무엇을 소유했으며 어떤 공로가 있어서 하나님의 부르심을 받았는지 묻고 있다. "나태함 속에 잠들어 이 사랑의 바람결과 이 부르심의 목소리에도 깨어나지 않는다면 얼마나 가련하고 지친 마음인가?" 여러분은 얼마나 오랫동안 다른 사람들과 다를 바 하나 없는 그저 평범한 그리스도인으로 살아왔는가? 얼마나 오랫동안 다른 사람을 기준으로 자신을 가늠하고 판단하면서 자신은 회심했다고 주님께 감사를 드렸는가? 약하고 가련하며, 나태함 속에서 잠자는 이들이여, 여러분은 주님이 보내시는 사랑의 바람결과 부름의 목소리에도 깨어나지 않았다.

어떤 사람은 주님의 음성을 듣는다. 나는 그런 사람이 있음을 의심하지 않는다. 그 음성이 잘못된 것일까 봐 걱정할 필요는 없다. 우리에게는 성경이 있다. 주님의 음성을 들었다고 하면서 성경을 벗어나 먼 길을 가야지만 위험할 정도의 광신에 빠진 것이다. 친애하는 옛 저자는 계속해서 말한다. "더욱 온유해지고 그대들의 영적 신랑을 사랑하십시오. 그분은 전능하신 하나님, 왕의 왕, 주의 주이십니다. 스스로를 한없이 낮추시어 자신의 모든 양 떼 가운데 오셨으며 크신 은혜로 그대들을 그분의 특별한 사람으로 부르셨습니다."

만일 하나님께서 마음에 무언가를 품게 하셨다면 혹은 어떤 곳으로 이동하거나 성장하고 싶은 열망을 주셨다면 이렇게 기도하라. "하나님, 성경과 성령으로 저를 인도하시면 기꺼이 앞으로 나아갈 것입니다. 주님이 제게 '여기에 너무 오래 머물렀으니, 일어나서 내가 네게 보여 줄 땅으로 가라' 하시는 말씀을 들었습니다." 여러분이 하나님의 그런 말씀을 들었다면 하나님은 은혜로 여러분을 부르시고 특별한 자들이 되도록 선택하신 것이다. 그리고 "여러분을 푸른 초장으로 이끄시고 감미로운 사랑의 풀로 먹여 주신" 것이다. 하나님의 사랑받는 자녀들 중 더러는 초장에 있지 않다. 그들은 갈망을 품지만 첫 설교를 듣거나 첫 찬송을 부르고 나서는 그 마음이 사라지고 만다. 아무도 그들을 준비시켜 주지 않았기 때문이다. 하나님은 여러분을 부르셨을 뿐 아니라 또한 푸른 초장으로 이끄시며, 감미로운 사랑으로 이 모든 일을 하신다. 그리고 다음 구절이 이어진다. "이제 앞을 바라보고, 뒤는 그냥 내버려 두라. 그리고 그대에게 부족한 것, 그대가 갖지 못한 것을 보라."

하나님만 바라보고 하나님이 행하시게 하라

여러 해 전 나는 힌두교, 불교, 조로아스터교 및 동양의 다양한 종교들을 연구하고 있었다. 힌두교 경전인 우파니샤드를 읽다가 꽤 귀여운 느낌의 한 구절을 발견했다. "책의 내용을 습득하느라 여념이 없을 뿐 그 내용대로 살지 않는 자는 마치 다른 이의 소를 세면서 자신은 어린 암소 한 마리 갖지 못한 것과 같다." 오늘날 이런 사람들이 많다. 그들은 다른 사람들의 소를 센다. 신학과 종말론과 온갖 이론을 배운다. 그러나 정작 자신은 작은 암소 한 마리도 소유하지 못했다. 그저 무엇이 다른 누군가에게 속해 있음을 알고 있을 뿐이다. 친애하는 옛 저자는 "그대에게 부족한 것, 그대가 갖지 못한 것을 보라"라고 말한다. 당신 자신 안에 무엇이 있는지를 생각해 보라. 오늘날 교회가 직면한 과제는 그리스도 안에서 우리가 가진 것을 내면화하는 일이다. 교회가 이에 대해 관심이 거의 없다는 것이 문제다.

이제 만일 여러분이 이에 대해 무언가를 하려 한다면, 그리고 사도 바울처럼 과거는 잊고 앞을 바라보며 나아가려 한다면, 아직 경험해 보지 못한 것들에 발을 디뎌야 한다. 하나님이 여러분을 위해 이미 이루신 일을 떠들썩하게 자랑하지 말라. 여러분이 막고 있어서 하나님이 아직 이루어 주지 않으신 일들을 찾아보라. 《하나님을 감추는 구름》은 말한다. "이제부터 그대들의 모든 삶을 열망 가운데 바로 세워야 한다. 이 열망은 모두 전능하신 하나님의 이끄심과 그대들의 동의에 따라 그대들의 의지로 품는 것이다." 그러고 나서 저자는 이제부터는 우리가 물러서서 편히 쉬는 대신 바울과 모든 위대하고 탁월한 성도들이 그랬듯이 하나님을 향한 간절한 열망으로 하나님을 바라보아야 한다고 말한다.

저자는 이어서 말한다. "그대들의 동의에 따라 하나님의 이끄심으로 오는 이 열망으로 인해 그대들이 온전한 유익을 누림에도, 왜 그대들에게 열망이 없는지 아십니까?" 이는 우리가 하나님께 구하지 않기 때문이다. 하나님이 이끄시고 우리가 동의할 때 그 열망은 우리에게 이른다. 하나님은 "보라. 나는 너희 마음에 기름을 부어 불을 붙일 준비가 되었다"라고 말씀하신다. 그러면 우리는 "아니요, 하나님. 죄송하지만 그러면 제가 이상해질 거예요. 광신자가 되어 버릴 거예요. 게다가 포기해야 하는 일들도 생기잖아요?"라고 하며 주님이 주시려는 것을 거부한다. 우리는 천국을 원하고, 주님의 십자가가 주는 혜택을 원하고, 지옥을 무사히 건너갈 다리를 원한다. 그러면서도 주님이 우리의 열망에 간절함의 불을 붙이지 못하게 한다.

옛 저자는 멋진 문장으로 자신의 생각을 덧붙인다. "하나님이 그렇게 하고자 하시니 그대들은 하나님을 바라보고 오직 하나님이 행하시게 하십시오." 알겠는가? 하나님을 바라보고 오직 하나님이 하실 수 있게 하라. 만일 하나님이 행하시도록 하고 그분을 멈추거나 막지 않는다면, 하나님은 여러분의 마음에 불을 붙이시고, 여러분을 축복하시며, 대부분이 머무는 평범한 영적 상태에서 여러분을 이끌어 내어 하나님을 특별히 열망하는 상태에 이르게 하실 것이다. 하나님은 떠오르는 해처럼 여러분의 마음에 열망의 불을 붙이실 것이다. 의인의 길은 밝게 비추는 빛과 같아서 한낮에 이를수록 더욱 밝게 빛날 것이다. 만일 여러분이 하나님과 함께 일한다면 여러분이 품은 모든 열망은 하나님에게서 온 것이다. 잊지 말라. 그것은 여러분의 것이 아니다. 만약 그것을 소유하지 못했다면 여러분이 하나님을 허락하지 않았기 때문이다. 왜냐하면 하나님은 그분의 손으로, 그리고 여러분의 동의를 얻어 여러분의 마음에 열망을 심어 주시기 때문이다. 이렇게 말한 후 옛 저자는 "하나님이 그렇게 하고자 하시니 그대들은 하나님을 바라보고 오직 하나님이 행하시게 하십시오"라고 말한다.

그는 다음과 같은 문장으로 글을 마무리하는데 나 또한 그러려고 한다. "힘차게 앞으로 나아가십시오. 그리고 그대들이 어려움을 어떻게 견딜지 지켜보도록 합시다. 하나님은 만반의 준비를 하셨습니다." 우리는 하나님의 마음을 돌리려고 애써 설득할 필요가 없다. 놀라운 사실이 아닌가? 마치 자녀가 너그럽지 않은 부모에게 하듯이 무릎 꿇고 하나님을 애써 설득하며 간청하지 않아도 된다. 하나님은 준비가 되셨다. 다만 하나님은 여러분을 기다리신다. 여러분이 할 일은 그저 앞으로 나아가는 것뿐이다. 그리고 하나님이 하실 것이니 여러분은 하나님을 바라보며 하나님께서 행하시게 하라.

이것은 많은 그리스도인이 생각하는 현대적 방식과는 사뭇 다르다. 우리는 하나님이 힘든 일을 하시고 우리가 그분을 거들어 드리는 것을 기뻐하신다고 생각한다. 하지만 친애하는 옛 저자는 "하나님을 바라보고 오직 그분이 행하시게 하십시오"라고 말한다. 여러분의 손을 내려놓고, 하나님이 어디를 고쳐 주셔야 할지 하나님께 알려 드리기를 멈추라. 하나님이 어디를 어루만져 주셔야 할지 알려 드리기를 멈추라.

하나님이 여러분에게 무엇을 주셔야 할지 말하려 들지 말라. 하나님이 의사이고 여러분은 환자다. 하나님을 바라보고 오직 하나님이 행하시게 하라. 이것은 놀라운 진리다.

사람들은 A. B. 심슨에 대해 즐겨 말했다. 하지만 언제나 그의 생각에 동의한 것은 아니었다. 사람들은 그를 기인으로 여길 때도 있었지만 그의 책들을 남몰래 꺼내서 읽기를 좋아했다. 왜냐하면 그는 우리에게 하나님이 일하시도록 해 드려야 한다고 말했기 때문이다. 사도 바울이 "너희 안에서 행하시는 이는 하나님이시니"(빌 2:13)라고 말할 때도 이런 믿음을 드러낸 것이다. 하나님을 바라보고 오직 하나님이 행하시게 하라.

4장

그리스도를 알고자,
내게 유익하던 것을
버립니다

나는 빌립보서 3장에 기초해서 가르치고 있지만 약 600년 전 책인 《하나님을 감추는 구름》 저자의 도움도 받고 있다. 이 오래된 경건서에서 나는 영적 성장에 대한 두 가지 좌우명을 가져왔다. 첫째는 "이제 앞을 바라보고, 뒤는 그냥 내버려두라"이다. 이 말은 대부분 잘 이해할 것이다. 둘째는 "하나님이 하실 것이니 하나님을 바라보고 오직 하나님이 행하시게 하라"이다. 이제 나는 여러분이 주목할 만한 한마디를 덧붙이고자 한다. "하나님은 질투할 만큼 사랑하시며 어떤 경쟁자도 용납하지 않으신다."

어떤 경쟁자도 용납하지 않으시는 하나님

앞서 나는 그리스도인들이 영적인 여정에서 도달할 수 있는 네 가지 구별되는 단계가 있다고 말했다. 첫 번째 단계는 이미 말했듯 '평범한 그리스도인'이다. 평범한 그리스도인은 훈련을 거치면서 점차 성숙해져서, 특별한 영적 태도로 헌신하게 되고 그다음으로는 비범한 영성을 갖추게 된다. 마지막 네 번째는 그리스도인이 온전해지거나 완성되기 시작할 정도로 하나님께 다가서는 단계다. 옛 저자나 바울 모두 이 네 번째 단계는 이 땅에서 시작되기는 하지만, 완전한 삶이나 영적인 완성은 천국에 이르러서야 온전히 실현된다고 믿었다.

사도 바울이 우리의 본보기다. 그는 자신의 열망이 무엇인지 말한다. "내가 그리스도[를] … 알고자 하여"(빌 3:10). 빌립보서 3장 10절의 '안다'는 단어는 '익히 알다' 또는 '친분이 있음'을 의미한다. '경험'을 의미하기도 한다. 즉, 면식이 있고 상대에 대한 경험이 있다는 것이다. 여러분은 어떤 사람과 안면이 있지만 아직 그에 대한 경험이 없을 수도 있다. 예를 들어 내가 여러분에게 어떤 친구를 소개해 주었다면, 여러분은 그와 안면이 있다고 말할 수 있다. 하지만 내가 경험한 것처럼 아직 그를 경험하지는 못했다. 나는 그와 함께 여행하고, 설교하고, 기도하고, 대화하며 무수한 시간을 보냈다. 면식이 있는 것과 경험 사이에는 분명한 차이가 있다.

하나님을 알게 되는 것도 의미 있지만, 하나님을 경험함으로써 그 앎을 강렬하고 풍성하게 만들어 간다면 금상첨화라 할 수 있다. 바울은 깊고 풍성한 경험을 하면서 그리스도를 알아가기 원한다고 했다. 자주 이야기했듯이 다른 사람의 인격은 한 번의 만남으로 충분히 알 수 없다. 처음 만났을 때는 별로 좋은 느낌을 주지 않았던 사람도 계속 만나다 보면, 미처 알지 못했던 숨겨진 잠재력을 발견하고 좋아하게 될 수 있다.

그리스도인은 그리스도를 점점 더 친밀하게 알아 갈 수 있는 능력이 자신에게 있음을 이해할 필요가 있다. 그리스도를 믿는 복음주의 교회 안에 있는 우리의 한 가지 큰 약점은 우리가 그리스도와 친밀하게 교제하며 그분을 풍성히 알지 못한다는 점이 아니다. 오히려 우리는 그런 문제를 이야기조차 하지 않는다. 들어 본 적도 없다. 그리스도와의 친밀한 교제는 오늘날 우리가 접하는 대부분의 매체에서 발견되지 않는 주제다. 게다가 더 나쁜 것은 이 갈망, 그리스도를 더 깊이 알고자 하는 이 열망을 오늘날 우리 교회 안에서 찾아볼 수 없다는 점이다.

그리스도에 대한 억누를 수 없는 사랑

나는 '그것'(That)과의 교제가 점점 더 깊어질 수 있다는 사실을 밝히고 싶다. '그것'이라는 단어 사용을 이해해 주길 바란다. 예수 그리스도는 인격이시니 '그'가 아닌가? 도대체 왜 그분을 '그것'이라고 하는가? 지금 여러분은 이해하지 못할 수도 있다. 하지만 바울의 말처럼 "너희가 달리 생각하면 하나님이 이것도 너희에게 나타내"실 것이다(빌 3:15). 하나님을 그분으로 알기 전에 우리는 반드시 하나님을 그것으로서 알아야 한다. 이에 이의를 제기할 신학자는 없으리라 생각한다. 누가복음에서 동정녀 마리아에게 전해진 말씀을 보라. "나실 바 거룩한 이(that holy thing)는 하나님의 아들이라 일컬어지리라"(눅 1:35, KJV). 킹 제임스 역은 예수 그리스도를 "나실 바 거룩한 것"(that holy thing)으로 번역하지 않았는가!

요한 역시 그의 경이로운 첫 서신을 그것(that)이라는 단어로 시작한다. 그는 결코 아마추어 신학자가 아니었으며, 예수님의 가슴에 머리를 기대고 누워 식사할 정도로 예수님과 친분이 두터웠던 제자였다. "태초부터 있는 생명의 말씀에 관하여는(That which was from the beginning…, KJV) 우리가 들은 바요 눈으로 본 바요 자세히 보고 우리의 손으로 만진 바라"(요일 1:1). 여기서도 인격은 아직 발견되지 않고 있다. "이 생명이 나타내신 바 된지라 '이 영원한 생명을 우리가 보았고'(we have seen 'it') 증언하여 너희에게 전하노니 이는 아버지와 함께 계시다가 우리에게 나타내신 바 된 이시니라 '우리가 보고 들은 바'를('that' which we have seen and heard) 너희에게도 전함은 너희로 우리와 사귐이 있게 하려 함이니 우리의 사귐은 아버지와 그의 아들 예수 그리스도와 더불어 누림이라"(요일 1:2-3). 요한은 3절 끝에서 그 말씀이 하나님의 아들 예수 그리스도라고 밝히기 전까지는 "그것"(that)이라고 쓰고 있다.

물론 예수 그리스도는 인격이시다. 그분은 아들, 영원한 아들이시다. 또한 모든 것의 근원이시다. 그분은 나와 여러분이 누리도록 하신 모든 것의 기초와 원천이시다. 모든 진리의 원천이요 그 이상이시다. 그분은 진리 그 자체시다. 모든 아름다움의 근원이요 샘이며 아름다움 자체시다. 그분은 모든 지혜의 원천이요 그 이상이시다. 지혜 자체시며 그 안에 모든 지혜와 지식의 보화가 감추어져 있다. 그분은 모든 은혜의 원천이시다. 그는 모든 생명의 원천이요 샘이며, 그것 이상이시다. 주님은 "내가 곧 생명의 떡이니라"(요 6:48), "내가 곧 생명이니"(요 14:6)라고 말씀하셨다. 그분은 사랑의 원천이시며 그 이상이시다. 사랑이시다. 부활이시며 불멸이시다. 찬송가 구절이 들려주는 것처럼 "아버지의 영광의 광채시요 아버지의 얼굴의 햇살이시다."

우리는 주님이 어떤 분이신지에 비추어 우리가 누구인지를 생각해야 하고, 우리가 자주 약함을 드러내는 영적인 상태의 원인을 파악하려고 애써야 한다. 우리가 집단으로서, 교단으로서, 교회로서, 개인으로서 퇴보하기 시작할 때 문제가 무엇인지 찾아내려고 힘쓰는 일은 중요하다. 나는 주님이 "너의 처음 사랑을 버렸느니라"라고 하실 때 정곡을 찌르셨다고 믿는다. 주님은 첫 번째 사랑, 두 번째 사랑, 세 번째 사랑처럼 순서상의 처음 사랑이 아니라 가장 높은 수준의 사랑을 버렸다고 말씀하신 것이다. 이제껏 내 설교 사역은 교회가 구세주의 아름다움을 재발견하도록 안내함으로써 성도들이 믿음의 선진들만큼 뜨겁게 그리스도를 사랑하도록 힘껏 돕는 일이었다. 여러 차례 이야기했듯이 A. B. 심슨의 힘과 위대함은 그의 신학에 있지 않고 주 예수 그리스도의 인격에 대한 그의 억누를 수 없는 사랑에 있다.

"만유의 주재"라는 찬송에는 우리가 종종 그 깊은 의미를 놓치곤 하는 두 절이 있다. 1절은 다음과 같다.

가장 아름다우신 주 예수, 온 세상의 주관자
오, 하나님이요 사람이신 성자시여,
나 주님을 사모하며 높이리.
주는 내 영혼의 영광이요 기쁨이요 면류관.

우리는 이 1절과 다른 두 절도 알고 있다. 그러나 우리가 충분히 이해하지 못하는 또 다른 절들이 있다. 그중 하나가 다음 찬양이다.

젊음의 화창한 날에 바라보나니,

더욱 아름답도다, 꽃들과 젊음의 아이들.

그러나 반드시 쇠하게 되리. 모두 곧 사라지리.

오직 예수님만 영원히 거하시리.

구름 한 점 없이 화창한 날에 세상을 바라보라. 여러분의 가족, 친구들, 사랑하는 이들, 아름다운 모든 것들, 아이들과 젊은이들의 눈부신 아름다움을 보라. 그러나 정직하게 현실을 생각한다면 그 모두가 쇠하리라고 말할 수밖에 없다. 모두 곧 사라질 것이다. 오직 예수님만 홀로 영원하실 것이다. 또 다른 절은 이렇게 노래한다.

가장 눈부신 땅의 아름다움과 하늘의 광채,

예수 그리스도 안에서 펼쳐지는 것을 보라.

이 땅에서 빛나는 모든 것은 서둘러 이우네,

주님의 흠 없는 순결하심 앞에서.

몇몇 친구들은 내가 세상의 소유물에 대해 전혀 즐거워하거나 열심을 내지 않는다고 나무란다. 그저 나는 새 자동차나 다른 좋은 것을 보아도 감탄하는 마음이 생기지 않을 뿐이다. 하나님이 건축자로서 터를 닦아 놓은 도시나 집을 보았다면 인간이 지어 놓은 이 세상의 집에는 어떤 감동도 느낄 수 없다. 아브라함은 하나님이 건축자로서 터를 닦으신 성을 본 뒤로 어떤 집도 지으려 하지 않았다(히 11:10). 그는 저 하늘의 집을 얻을 때까지는 천막에 거할 것이라고 말했다. "가장 눈부신 땅의 아름다움과 하늘의 광채, 예수 그리스도 안에서 펼쳐지는 것을 보라. 이 땅에서 빛나는 모든 것은 서둘러 이우네, 주님의 흠 없는 순결하심 앞에서." 이것은 예수님에 대한 노래다.

이처럼 예수 그리스도를 알려면 대가가 따른다. 많은 사람이 그 값을 기꺼이 치르려 하지 않는다. 그래서 평범한 수준에 머물고 만다. 그들은 계속 나아가려고 하지 않는다. 악한 것들, 곧 해가 되고 부정하며 부도덕한 것들에 굴복했기 때문이다. 근본주의 신앙 안에서 우리는 대체로 크게 죄악된 일들은 포기했다. 그리스도를 위해 그런 악한 일들을 버렸다. 그러나 평범한 그리스도인들의 표지가 있는데, 그들은 어중간한 그리스도인의 수준을 넘어서지 못한다는 것이다.

그리스도를 알기 위해 내게 유익하던 것을 포기하다

바울은 나쁜 것과 함께 좋은 것도 포기했다. 그는 자신에게 유익하던 것도 포기했다고 말했다. 그는 그것들을 해로 여겼다(빌 3:7). 그가 버린 것들은 그가 권리를 가졌거나 그에게 유익하던 것들이며, 자신이 법적으로나 도덕적으로 손에 넣을 권리가 있기에 "이봐, 이건 내 거야. 기독교가 내게서 이걸 앗아갈 순 없어"라고 말할 수 있는 권리들이었다. 그는 이것들까지 포기했다. 왜냐하면 훨씬 더 좋은 무언가를 보았기 때문이다. '그것'은 아버지와 함께 있던 것이다. 모든 지혜와 아름다움과 진리와 불멸이 흘러나오는 근원이요 원천이다. 그것을 위해 그는 모든 것을 포기했다. 바울은 인간의 마음은 우상숭배에 빠지기 쉬워서 무엇이든 소유한 것을 숭배하게 될 줄을 알았다. 우리는 무엇이든 손에 잡은 것을 숭배하게 된다.

우리는 자주 무엇인가를 붙잡고 있으려고 고집을 부린다. 그리고 무엇을 붙잡든지 그것을 숭배하기에 이른다. 재산이든 가족이든 명성이든 안전이든 우리의 삶 자체이든, 소유물은 우리와 하나님 사이에 끼어들 수 있는 매우 실제적인 위험 요소다. 예수님은 우리가 자신의 생명조차도 붙잡을 수 없다고 가르쳐 주셨다. 만일 이 땅에서 우리의 삶을 너무나 소중히 여겨 붙잡으려 한다면 그것이 우리 길을 가로막아 마침내 오히려 자신을 잃어버릴 것이라고 말씀하셨다. 주님은 그 사실을 명백하게 가르쳐 주셨다.

우리는 안전을 붙잡으려고 한다. 우리는 항상 안전하기를 원한다. 바울은 안전하지 않았다. 그는 날마다 죽는다고 고백했다. 3주 동안 밤낮으로 바다 한가운데 있었고 늘 역경 속에 있었다. 우리가 이 안전을 갈망한다면, 죽음 이전과 이후의 삶에서 영원한 안전을 원한다면, 그것이 바로 근본주의다. 바울은 자신이 그 모든 것을 내려놓는다고 말했다. 모든 것을 부인하고 자신의 것으로 여기지 않겠다고 했다.

그럼에도 하나님이 그에게 허락해 주신 몇 가지가 있었다. 한두 권의 책을 지니게 하셨고 의복과 겉옷을 허락하셨다(딤후 4:13). 2년 동안 거주할 집을 갖게 하셨으며 다른 것들도 허락하셨다. 그러나 바울은 그런 것들이 자신의 마음을 주장하지 못하게 했다. 우리의 마음을 주장하는 외적인 보물은 그 무엇이라도 저주가 된다. 바울은 그리스도를 알고자 하여 그 모든 것을 포기한다고 말한다. 무한하고 광대하신 분을 아는 크고 넓은 지식으로, 깊고 풍성하며 날마다 두터워지는 친밀함으로 나아가기 위해, 외적인 것들은 버린다고 말했다. 그의 깊은 열망은 '그리스도를 알고자 하는 것'이다. 모든 것을 버림으로써 그는 다른 어떤 것도 자신의 마음을 주장하지 못하도록 했다.

기독교 안에서 우리는 예수 그리스도가 행복하고 즐겁고 꽤 순수하지만 세속적이고 현세적인 삶을 뒷받침해 주시는 분인 양 배워 왔다. 예를 들어, 예수님은 우리를 지옥에서 구원하셔서 저 하늘의 고급 주택에 들어가게 해 주신다는 생각 같은 것 말이다. 그러나 그것은 신약성경이 전하는 메시지가 아니다. 바울이 바라보았던 구원도 아니다. 바울은 예수 그리스도께서 다른 무엇과도 견줄 수 없을 만큼 우리 마음을 한없이 매료시키는 분이심을 알았다. 바울은 학식 있는 사람이었다. 가말리엘의 문하에서 수학했으며 오늘날 박사 학위에 해당하는 성취를 이루었다. 그러나 그는 그 모든 것을 '무익한 것', 심지어 쓸모없는 쓰레기라고 말하며 뒷전에 두었다. 그는 자신의 성취를 열거했다. "나는 베냐민 지파로서 태어난 지 팔 일 만에 할례를 받았다. 혈통적으로 이스라엘에 속했고 그 표지들을 지녀왔으며 그 족보에 내 이름이 있다. 나는 여러분에게 내가 누구인지 보여 줄 수 있다"(빌 3:5 참고). 그러나 그는 "예수 그리스도를 위하여 나는 그것들을 전혀 귀하게 여기지 않는다. 모두 발아래에 버려두었다"라고 말했다(빌 3:7-8 참고).

《하나님을 감추는 구름》이 하는 말에 다시 귀 기울여 보자. 친애하는 옛 저자는 "내가 말하고자 하는 한 가지는 하나님은 질투할 만큼 사랑하시며 어떤 경쟁자도 용납하지 않으신다는 것이다"라고 말한다. 이것은 우리에게 중요한 사실이다. 또 그는 "하나님은 사람의 의지대로 일하지 않으시고 사람과 함께하시되 오직 홀로 일하십니다"라고 말한다. 바꾸어 말하면, 하나님이 우리 마음 안에 홀로 계실 수 없다면, 즉 우리 안에 하나님 외에 다른 무언가가 있다면, 하나님은 우리 안에서 일하지 않으시리라는 것이다. 우리에게는 잡다한 우상이 너무 많고, 이해하지 못할 신학이 넘쳐난다. 종교는 너무나 비대해졌고, 지나치게 제도화되었으며, 교회를 신봉하는 교회교(churchianity)까지 난무하고 있다. 그 결과 하나님이 홀로 계실 수가 없다. 예수 그리스도께서 성전을 깨끗하게 하시고 그 안에 홀로 거하실 때, 역사를 행하실 것이다.

내 마음속에는 하나님 한 분만 계십니다

프랑스 신학자 겸 작가였던 페늘롱(Fénelon, 1651-1715)은 하나님이 땅속 깊은 곳의 광부처럼 일하신다고 말했다. 광부들이 석탄이나 금이나 다이아몬드를 채굴하는 땅속 아주 깊은 곳에 있는 탄광에 가 보았는가? 누군가 그 위로 비행하거나 걷거나 여행하지만 결코 언덕 아래 깊은 곳에서 어떤 일이 벌어지는지 상상조차 하지 못한다. 저 언덕 아래 보이지 않는 곳을 알지 못한다. 보석을 캐내 가져오는 일에는 지성적인 힘이 필요하다. 페늘롱은 그것이 바로 하나님이 인간의 가슴속에서 하시는 일이며, 하나님은 우리의 가슴속에서 보이지 않게 숨어서 일하신다고 했다. 하지만 오늘날 우리는 요란하다. 하나님이 팡파르를 크게 울려 주시지 않으면 하나님의 사역을 환영하지 않는다. 우리는 하나님이 화려한 색과 불꽃을 동원해서 극적으로 드러나게 일하시기를 원한다. 하지만 그것은 하나님이 일하시는 방식이 아니다.

하나님은 이렇게 말씀하신다. "아니다, 아니다. 너희 아담의 자식들, 음란하고 방탕한 자식들아, 육신적인 것에 탐닉하고 장터를 사랑하는 자들아, 잘못 양육을 받아서 내 아들에 대해 그릇된 생각을 가진 자들아, 나는 너희 안에서 역사하지 않을 것이다." 예수님도 말씀하신다. "유감이지만, 할 수 없구나. 너희 안이나 너희 의지 안에, 너희 마음 안에 나만 홀로 있을 수 없다면, 나는 그 안에서 일할 수 없단다. 너는 양과 소를 내보내고, 돈 바꾸는 사람들의 상을 뒤엎고, 더러운 것을 치워 버리고, 내 자리에 두고 있는 많은 것을 제거함으로써 네 성전을 깨끗하게 해야 한다." 앞서 말한 좌우명을 기억하라. "하나님은 질투할 만큼 사랑하시며 어떤 경쟁자도 용납하지 않으신다."

《하나님을 감추는 구름》은 계속 말한다. "온유하게 사랑을 불러일으켜 이제 하나님께 마음을 드리십시오. 하나님 외에 어떤 신도 당신의 마음을 차지하지 못하게 하십시오. 하나님을 바라볼 때 그분 외에 다른 생각을 하는 것조차 혐오하십시오. 그리하여 오직 하나님 외에는 아무것도 여러분의 마음이나 의지 안에서 역사하게 하지 마십시오." '혐오하다'라는 단어를 사전에서 찾아보니, 옛 앵글로-색슨 말로서 '내키지 않는', '극히 싫어하는'이란 의미다. 이것은 내가 A. B. 심슨이 이전에 "하나님 자신"에 대해 말했다고 했던 때의 출발점으로 우리를 데려다준다. 심슨은 자신의 세대에 파문을 던짐과 동시에 축복이 되었다. 왜냐하면 예수님 자신에 대해 말했기 때문이다. 우리에게 필요한 것은 예수님뿐이다.

심슨 박사는 런던의 한 성경 공부 컨퍼런스에서 메시지를 전하며 이를 잘 표현했다. 나중에는 같은 제목으로 복음성가도 작사했다. 그는 자신이 승리를 얻기 위해 기울인 노력을 간증하면서 "가끔 저는 승리를 얻고 그 승리를 소유했다고 생각했다가 다시 잃어버리곤 했습니다"라고 고백했다. 이어서 "승리, 성화, 구원, 성결, 거룩함이 모두 그분 자신임을 깨닫게 되었을 때" 자신의 삶에 영광이 비쳤다고 말했다. 그러고 나서 그의 유명한 찬송가 가사를 썼다.

한때는 축복이었지만, 이제는 주님이시라네.
한때는 감정이었지만, 이제는 주님의 말씀이라네.
한때는 주님의 선물을 원했으나, 이제는 그것을 주시는

주님을 원하고

한때는 치유를 구했으나, 이제는 주님 자신만을 구한다네.

유감스럽게도 기독교는 너무 자주 하나님께 무언가를 얻으려는 방법으로 전락해 왔다. 어떤 사람은 수입의 십일조를 드림으로써 자신에게 남은 10분의 9가 그들이 드린 10분의 1을 상쇄하고도 남을 만큼 더 불어나기를 바란다. 사업가가 되고 싶다는 사람에게는 하나님을 이용하라고 말한다. 좋다. 하지만 그것은 성경의 가르침이 아니며 바울의 권면도 아니다. 바울은 그런 것을 포기한 지 이미 오래다. 그것은 《하나님을 감추는 구름》의 옛 저자가 말하는 바도 아니다. 그는 오직 주님 자신만을 강조했고, 이렇게 말했다. "이제 여러분이 할 일은 하나님이 만드신 모든 피조물과 그 피조물의 일은 다 잊어버리는 것입니다. 일반적으로든 특별하게든, 여러분의 생각이나 열망이 결코 어떤 피조물에게로 향하거나 확장되지 않도록 하십시오. 그것들을 내버려 두고 거기에 어떤 마음도 쏟지 마십시오."

그리스도인이 조심해야 할 일이 있다. 기독교를 이 땅에서 번영을 누리고 천국에서도 저택 하나쯤을 확보하려는 수단으로 여기는 행위는 위험하다. 이는 이 땅과 천국 어느 쪽에서든 이득을 보려는 행동이다. 주님을 따른다면, 여러분은 이 땅에서 번영을 누릴 것이다. 하지만 형제자매여, 주님을 따른다고 언제나 재정적인 번영이 보장되지는 않는다. 오랫동안, 주님을 따른다는 것은 그리스도를 아는 고상한 지식을 위해 그런 것들을 해로 여김을 뜻했다. 어떤 사람이 자신도 모르게 번창하고 나서 하나님의 길을 배우게 되면, 그는 할 수 있는 한 모든 것을 다른 사람들에게 나누어 주게 된다. 그래도 자신이 먹고사는 데는 부족함이 없다. 하나님께 감사하라. 그는 삶을 유지할 기본적인 것을 모두 가졌고, 그 이상은 크게 근심하지 않는다.

우리는 자주 기독교가 재물을 얻는 방법이나 기술로 전락하는 것을 본다. 사도 바울은 기독교를 더 잘 아는 자로서 이렇게 말했다. "또한 모든 것을 해로 여김은 내 주 그리스도 예수를 아는 지식이 가장 고상하기 때문이라 내가 그를 위하여 모든 것을 잃어버리고 배설물로 여김은 그리스도를 얻고 … 내가 그리스도와 그 부활의 권능…을 알고자 하여"(빌 3:8, 10). 바울은 다른 것들은 내버려 두고 주의를 기울이지 말라고 말한다. 기독교는 주님 자신이다.

많은 이가 더 깊은 영적 생명을 마치 주사기로 약을 넣듯 주입받기를 원한다. 또는 물 한 잔과 함께 하루 세 번 복용하라고 받는 알약 같은, 그런 쉬운 해결책이 있기를 원한다. 하지만 우리는 그럴 수 없음을 안다. 어떤 사람들은 알약 형식의 종교를 원하며, 알약과 같은 처방을 얻기 위해 신앙 서적을 구입한다. 형제자매여, 그런 것은 없다. 십자가와 교수대가 있을 뿐이다. 등에 채찍 자국이 난 인자와 무일푼의 사도가 있다. 외로움과 고단함과 거절과 영광의 길은 있지만, 일부 사람들이 원하는 것과 같은 알약은 없다. 오직 하나님 한 분, 하나님 한 분, 하나님 한 분뿐이다. 개인적으로 나는 아무것도 바라지 않는다. 그저 기도한다. 만일 하나님의 뜻이 아니라면 나는 그것을 원치 않는다. 만일 하나님의 뜻이라면 나는 다른 것을 바라지 않고 그것을 위해 기도한다.

나는 저 성도들이 알았던 예수님의 아름다우심의 영광을 죽기 전에 다시 한 번 되찾고 싶다. 에마 호퍼(Emma Hopper)는 예수님에 관한 그녀의 시에서 "주님의 많은 아름다운 이름들"을 언급한 적이 있다.

주님의 아름다운 이름들
형제, 목자, 친구, 왕
그러나 그 무엇도 내 영혼을
그토록 거룩하게 붙들어 주지 못하네

이쉬(Ishi), 이쉬는 보화요
세월이 지나도 그분은 나의 소유

천사들은 그런 영광을 맛보지 못하네
우리 영혼의 거룩하신 이쉬

다른 기쁨은 잠시뿐, 덧없이 지나가네
주님과 나, 결코 갈라설 수 없네
주님은 참으로 사랑스러운
이쉬, 내 영혼의 이쉬이시네

'이쉬'(Ishi)는 히브리어로 '나의 남편' 또는 '나의 남자'란 뜻이다. 한때 옛 성도들은 이 노래를 불렀다. 현시대의 우리도 부를 수는 있겠지만, 진정으로 이 찬송을 부를 수 있는 곳은 많지 않다. 왜냐하면 이 말이 전달하는 경험을 하지 못했기 때문이다. 이와 같은 좋은 노래들이 빛을 보지 못하는 이유는 사람들의 이해력이 미치지 못해 이 노래들을 따분하다고 생각하기 때문이다. 오직 현대 음악만을 좋아하는 사람은 "이쉬"를 좋아하지 않을 것이다.

이쉬, 이쉬는 보화요
세월이 지나도 그분은 나의 소유
천사들은 그런 영광을 맛보지 못하네
우리 영혼의 거룩하신 이쉬

이것은 더 깊이 있는 삶에 대한 가르침이다. 하나님이 지으신 피조물을 소원하지 말고, 여러분 가족의 일만 도모하지도 말라는 것이다. 하나님을 이용해 사업을 도모하지 말라는 뜻이다. 물질을 얻기 위해 하나님을 이용하기를 멈추라. 하나님 외에 다른 것들은 치워 버리라. "그대들의 마음에 하나님이 홀로 계실 수 없다면, 하나님은 그 안에서 일하기를 기뻐하지 않으십니다."

우리는 무언가를 위해 주님을 이용하려고 할 수도 있다. 그러나 그것은 내가 말하려는 것, 바울이 가르쳤으며 여러 세기를 거쳐 오늘날 우리에게 전해진 가르침과는 정확히 반대다. "하나님, 우리는 당신께 있는 다른 무엇을 원하지 않습니다. 우리는 주님만을 원합니다." 이것은 위를 향해 올라가는 영혼의 부르짖음이다.

영국에는 종달새(skylark)가 있다. 미국에는 그런 새가 없다. 가장 비슷한 것은 미국 황금방울새라고도 하는 볼품없고 작고 연약한 야생 카나리아다. 종달새는 점점 더 높이 올라가면서 노래를 한다. 시인들은 천국의 문까지 높이 날아올라 찬양하는 종달새에 대해 많은 시구를 남겼다. 종달새가 눈에 보이지 않을 때까지 높이 오르면 그 모습은 더 이상 보이지 않지만, 그 노랫소리는 여전히 이곳까지 들린다.

형제여, 두 무릎이 있는가? 혹시 관절염 때문에 그 무릎이 뻣뻣해서 꿇을 수가 없는가? 그렇다고 해도 마음속으로 위를 올려다볼 수 있다. 기도는 그저 무릎을 꿇는 행위가 아니다. 기도는 하나님을 향해 마음을 올려 드리는 행위다. 그것이 사람이 행할 전부다. 우리는 옥에 갇혀서도 기도할 수 있다. 비행기 안이든, 어디서든 기도하고 예배할 수 있다. 우리가 원하는 것은 하나님 자신, 주님 자신이기 때문이다.

> 주님의 눈에 가득한 사랑, 기쁨을 흩뿌리네,
> 저들의 얼굴과 드넓은 모든 곳 위로.
> 하나님 존전에서 얼굴을 가린 스랍들,
> 사랑의 환희로 떨도다.
>
> – 조셉 스웨인(Joseph Swain, 1791)

내가 조금이라도 관심이 있는 유일한 부흥은 사람들로 하여금 주 예수 그리스도의 임재 속에서 환희로 떨게 하는 부흥이다. 그것이 전부다. 동의하는가?

《하나님을 감추는 구름》의 옛 저자는 만일 여러분이 계속 나아가 하나님의 충만하심 안에서 하나님을 알고자 한다면, 일어나 여러분 자신을 분발시켜 마음을 하나님께로 올려 드리고, 다른 것들과 재산과 재물에 대한 욕망을 버리고, 하나님 자신만을 구하라고 말한다. 하나님으로 하여금 다른 어떤 경쟁자도 없이 여러분 안에서 일하시게 하라고 말한다. 《하나님을 감추는 구름》 저자의 표현을 빌리면 "그대들이 그렇게 한다면, 모든 마귀들이 분노할 것이다. 그 마귀들은 할 수 있는 한 그대들을 패배시키려 할 것이다." 여러분은 따라붙는 마귀 없이는 어느 한 모퉁이에도 도착하지 못할 것이다. 만일 안전을 원한다면 하나님을 구하지 말라. 안전을 원한다면 마귀가 잠시 그 안전을 줄 것이다. 그리고 여러분을 지옥에 보낼 것이다. 만일 마귀들과 그 외의 모든 것이 두렵다면, 하나님을 추구하지 말라.

옛 저자는 계속해서 이렇게 말한다. "그러므로 마귀의 유혹을 물리치고 열망을 얻기까지 수고하고 힘쓰십시오." '물리치라'는 것은 방해받지 말라는 뜻이다. 누구도 여러분이 하나님을 찾는 노력을 방해하지 못하게 하고, 다만 갈망을 갖기까지 애쓰라. 이 옛 성도들은 모두 현실적인 사람들이었다. 오늘날 사람들은 그들을 이상주의자라고 평한다. 그러나 그들은 이상주의자가 아니었다. 현실적인 사람들이었다. 친애하는 옛 저자는 여러분이 더 높은 삶을 추구하며 평범한 그리스도인의 단계를 넘어서기 시작하면, 마귀가 가장 먼저 달려와서 여러분을 막으려 한다고 말한다. 그는 독자들에게 마귀의 방해에 굴복하지 말고, 내키거나 내키지 않거나 앞으로 나아가라고 권면한다.

기도해야 할 때가 있다. 기도하고 싶을 때와 기도하고 싶지 않을 때다. 옛 성도들은 이것을 알고 있었다. 그들은 무명의 저자가 말하는 "하나님을 향한 순전한 의도"로 기도해야 할 때가 있음을 알았다. 하나님을 향한 순전한 의도, 그것이 바로 우리에게 필요하다. 하나님을 알고 그리스도를 알고자 하는 의지, 세상과 물질과 사람들을 뒤로하고 오직 사랑하는 주님께만 우리 마음을 드리고자 하는 의지다. 우리는 남편과 아내, 아버지와 아들, 어머니와 딸, 사업자와 동업자, 납세자와 시민 등 많은 관계를 가질 수 있다. 그 모든 것을 제쳐 두고, 마음 깊은 곳에는 우리가 사랑하는 오직 한 분 하나님만 두어야 한다. 하나님은 경쟁자를 용납하지 않으신다.

하나님을 가리고 있는 구름

왜 하나님은 우리에게 이렇게 하라고 하셨을까? 그것은 우리의 이성과 이해를 깨트리고 우리의 모든 사정을 하나님께 맡기고 의지하게 하려 하심이다. 거기서부터 우리는 위를 향해 올라간다. 이전에도 여러 차례 말했던 것처럼, 성령으로 충만해 본 적이 있다면, 누구도 끔찍한 어둠의 시간, 옛 무명 저자가 하나님을 감추는 구름이라 부르는 상태, 통과할 수 없을 것 같은 어두운 구름을 헤쳐 나가 보지 않았을 리가 없다. 그러나 여러분은 하나님을 믿었고, 그리스도를 신뢰했고, 좋든 싫든 나아갔으며, 순종했고, 하고 싶을 때든 하기 싫을 때든 기도했다. 해야 할 일을 했으며, 여러 일을 바로잡고, 사업과 가정과 관계에서도 다시 시작했다. 또한 여러분을 방해하던 잘못된 것을 모두 물리쳤다. 옛 저자는 그것이 다 하나님을 향한 순전한 의도라고 말한다.

이상한 점이 있다. 만일 여러분이 이 시대의 신비주의에 관해 말을 꺼내면 근본주의자들은 모두 손사래를 치며 "그들은 몽상가들이에요. 감정과 느낌을 믿을 뿐이에요"라고 말할 것이다.

내가 아는 믿음의 옛 저자들은 우리가 의지 속에 순전한 의도만을 품고 하나님을 믿어야 하며 그러면 다른 것들은 자연스럽게 따라오게 된다고 가르쳤다. 우리가 딱딱하고 차갑고 케케묵은 신학 교리들만으로는 충분치 않음을 과연 깨달을 수 있을까? 사람들이 어디에 있든, 보다 나은 것을 추구하려는 마음을 가질 수 있을까? 그렇다. 모두 가능하며, 가능하고도 남는다. 하지만 기억하라. "그대들은 의지 속에 오직 하나님을 향한 순전한 의도만을 지녀야 합니다."

여러분에게는 하나님을 향한 순전한 의도가 있는가? 그렇다면 여러분의 삶에 십자가가 따를 것이다. 만일 그와 같은 그리스도인이 되겠다면 여러분은 그 누구도 여러분을 멈추게 하거나 속이지 못하게 할 것이다. 계속 꿋꿋이 나아가며 믿음을 지키려 할 것이다. 하나님을 향한 냉철하고 순전한 의도로 굳건히 기도하며 진리를 믿을 것이다. 그리고 하나님은 여러분을 지독한 슬픔에서 건져 주시고 야곱처럼 벧엘의 제단을 쌓게 해 주실 것이다. 여러분을 무덤에서 천국으로 올리실 것이다. 어둠에서 생명으로 올리실 것이다.

여러분과 내가 하나님을 얻는다면 우리는 더불어서 모든 기쁨과 즐거움과 쉼도 얻을 것이다. 나는 종종 딱딱한 사람으로 보이곤 하지만 주님의 기쁨으로 마음이 드높이 고양될 때가 있다. 그 기쁨을 주체하지 못해 소리쳐 외치고 싶을 때가 있다. 여러분도 이러한 기쁨을 원하는가? 그러길 바란다. 나는 여러분이 낮은 수준에 머물던 평범한 그리스도인의 삶을 벗어나 더욱더 영적으로 고양되기를 바란다. 주님과, 주님의 부활의 권능과, 주님의 고난에 참여함과, 그분을 아는 지식의 고상함을 점점 더 알고 싶은 열망을 갖기 바란다.

5장

내면의 추함과
빈곤함을
인정합니다

우리 연구의 주된 밑바탕이 되는 빌립보서 3장에서 사도 바울은 자신의 삶에서 하나님이 어떻게 역사하셨는지 개인적인 간증을 나눈다. 그와 더불어 여러 영적인 목표를 공유한다. 그러므로 그리스도를 진지하게 따르는 사람이라면 바울이 말한 목표를 주의 깊게 살펴봐야 한다. 한 가지 목적은 그리스도를 아는 것이다(10절). 또 다른 목적은 그리스도를 얻고(8절), 그리스도의 부활의 권능을 아는 것이다(10절). 이는 그분의 죽으심을 본받기 위함이다. 이는 그리스도 안에서 우리가 소유한 것을 내면에서 경험하는 일이다. 이를 위해서는 모든 것을 이 지식의 고상함에 해가 되는 것으로 여겨야 한다.

예수님의 죽으심을 본받았음을 나의 삶으로 증명하다

이 책의 첫 번째 장에서 나는 《하나님을 감추는 구름》을 쓴 무명의 저자가 드렸던 기도를 들려주었다. 그는 우리가 하나님을 온전히 사랑하고 합당하게 찬송할 수 있도록 우리 마음의 의도를 깨끗하게 해 주십사 간청했다. 여러분에게 묻고 싶다. 신약성경의 빛에 비춰 볼 때, 우리가 하나님 안에서 그분을 온전히 사랑하고 합당하게 찬양하며 단순히 법적으로만 아니라 경험적으로도 그분과 연합되기를 추구하는 것이 과연 광신적으로 들리는가?

우리는 바울과 옛 저자 모두에게 동의하지 말아야 하는가? 그들은 우리가 그리스도를 알고, 그분을 얻고, 그분의 권능을 알고, 그분의 죽으심을 본받아 영광스러운 부활을 얻으리라고 말한다. 성경이 그리스도 안에서 우리가 가지고 있다고 명백히 말하는 것을 우리가 내적으로 경험하고, 이 땅에서 법적으로나 경험적으로 그분과 연합되어야 한다는 것이 영적으로 이치에 맞지 않겠는가? 만약 이치에 맞다 생각한다면 주저 없이 이것은 광신이 아니며 명명백백하게 신약성경이 말하는 기독교라고 선언하자. 여기서 성령은 이중적인 목표를 가지고 계신 것 같다. 하나는 내가 지금 가르치는 내용이 가능한 일이라고 그리스도인들에게 확신시켜 주시는 것이고, 다른 하나는 여호수아가 이스라엘을 약속의 땅으로 인도했던 것처럼 우리를 인도하셔서 그 내용을 실천하게 하시는 것이다.

이 중 첫 번째는 어렵지 않다. 즉, 지금 내가 가르치는 내용이 이 세상에서 실현 가능한 일이라고 그리스도인들에게 확신시킬 수 있다. 왜냐하면 일부 완고한 사람들을 제외한다면 대부분은 이를 기꺼이 받아들일 것이기 때문이다. 대학과 신학교, 성경학교와 온갖 복음주의 학회에서는 이런 신앙을 요청하고 있다. 그리스도인들에게 이것을 납득시키는 일은 어렵지 않다. 그러나 그들을 그렇게 인도하는 것은 불가능하다. 사람으로서는 완전히 불가능한 일이다. 하지만 성령님께는 불가능하지 않다. 누군가를 평범한 그리스도인이 아니라 보다 특별하고 우월한 그리스도인의 단계로 이끄는 분은 성령이심이 분명하다.

300여 년 전 프랑수아 페늘롱은 "설득되고 선의를 지닌 마음조차 정확하고 충실한 실천과는 거리가 있다"라고 말했다. 어느 시대든 더하거나 덜하지 않게 그의 말이 맞았다는 것을 알 수 있지만, 오늘날은 특히 더욱 그렇다. 완벽하고 경건한 생각을 가진 사람을 만나기는 너무나 쉽다. 그러나 주님은 사람들이 하는 일과 행위로 그들을 알 것이라고 말씀하셨다. 페늘롱 또한 "이것은 결코 어긋남 없는 법칙이며 우리는 이로써 자신을 판단해야 한다"라고 말했다.

현실 너머에 있는 하나님 은혜

《하나님을 감추는 구름》에서 또 다른 짧은 구절을 인용하고 싶다. 역시 성경의 가르침을 요약해 주는 구절이다. "은혜로 보는 사람만 보일 것입니다." 이 말을 기억하길 바란다. 다시 한 번 들어 보라. "은혜로 보는 자만 보게 될 것입니다." 좀 더 현대적 표현으로 바꾸어 보면 "하나님의 은혜로써 볼 수 있는 사람은 보게 하십시오"라고 할 수 있다. 이 말을 성경의 언어로 바꾸어 보면 "귀 있는 자는 들을지어다"(마 11:15)이다. 볼 눈이 있는 자는 볼지어다. 저자는 귀 대신 눈을 이야기한다. 은혜로써 볼 수 있는 자는 보게 하라. 이스라엘 백성이 바다의 모래같이 많을지라도 남은 자만 구원받으리라는 사실을 기억하라. 주님은 마지막 날에 의인으로 드러날 사람들이 적다고 말씀하셨다. 많은 사람의 사랑이 차갑게 식을 것이다.

기드온을 생각해 보라. 기드온은 3만 2천 명의 군사를 이끌고 적군과 맞설 준비를 했다. 하나님은 기드온에게 "너를 따르는 백성이 너무 많다"라고 하시며(삿 7:2) 은혜로써 나아갈 자들만 가게 하라고 말씀하셨다. 그래서 기드온은 두려운 사람들은 모두 돌아가라고 명했고, 3만 2천 명 가운데 2만 2천 명이 돌아갔다. 하나님은 백성이 여전히 많다고 말씀하시며 "너희 중에는 보지 못하여 결코 이스라엘의 군사로 삼을 수 없는 자들이 있다. 그들을 시험하라"라고 하셨다. 그래서 기드온은 그들을 물가로 데리고 가서 시험한다. 시험이 끝났을 때 기드온 곁에는 300명의 군사들이 남았다. 하나님은 사람들이 몇 명인지 보시지 않고 그들이 어떤 사람들인지를 생각하신다는 것을 보여 주는 구절이다. 보지 못하는 자들은 하나님이 걸러 내시지만, 은혜로써 볼 수 있는 자들은 보게 하시고 또한 그들을 인도하신다.

영혼의 어두운 밤으로 기꺼이 들어가라

하나님과 함께 나아가려고 애썼으나 더 많은 장애물에만 부딪혔다면, 불멸의 승리로 나아갔던 예수님의 여정을 기억하라. 예수님이 피땀을 흘리시던 동산을 기억하라. 예수님께 자색 옷을 입히고 그분을 때리던 빌라도의 관정을 생각하라. 모두가 그분을 버리고 도망갔던 일을 기억하라. 예수님이 갈보리 언덕에 오르시던 길을 기억하라. 십자가에 못 박힘을 기억하라. 그 십자가 위에서의 여섯 시간을 기억하라. 이때 성부 하나님이 얼굴을 가리신 것을 기억하라. 그때의 어둠과 그의 영이 어둠 가운데 넘겨진 것을 기억하라. 이것은 예수님이 불멸의 승리와 영원한 영광을 위해 걸어가신 길이었다. 우리도 이 세상에서 그와 같다.

어떤 이들은 이것을 영혼의 어두운 밤이라고 일컫는다. 그리스도인들은 좀처럼 이 영혼의 어두운 밤으로 기꺼이 들어가려 하지 않는다. 그래서 대부분의 그리스도인들이 빛으로 들어가지 못하는 것이다. 밤을 지나려 하지 않기에 아침을 맞지 못한다. 내게 와서 이렇게 말하는 사람이 있다. "목사님이 말하는 그 어둠을 저는 꽤 오랜 시간 동안 지나왔어요. 하나님은 저를 찍어 잘라 내셨고 사업도 망하게 하셨어요. 사실 저는 마귀의 시험에도 여러 번 빠졌어요. 하지만 제 마음에 아침은 찾아오지 않습니다. 왜 이리 더딥니까?"《하나님을 감추는 구름》의 저자는 말한다. "이 일은 사람들이 생각하는 것만큼 더디지 않습니다. 사람이 상상할 수 있는 일 중에서 가장 신속한 일이 될 수도 있기 때문입니다. 시간 자체는 더 길지도, 짧지도 않습니다. 오직 마음의 움직임이나 그의 의지에 따라서 시간이 달리 느껴질 뿐입니다." 즉, 사람들의 생각이나 믿음이 시간을 좌우한다는 뜻이다.

그래서 성령이 서둘러 들어오실 수가 없다. 우리 마음의 각성이 충분하지 않기 때문이다. 사실 모든 사람은 자신이 원하는 만큼만 충만하고, 원하는 만큼만 거룩하다. 그리고 우리가 원한다고 생각은 하지만 사실은 원하지 않을 때,

당연히 우리는 왜 이렇게 시간이 오래 걸리는지 궁금해한다. 어째서 우리가 더 빨리 나아가지 못했으며, 어째서 우리가 찾는 곳에 이르지 못했는지 말해 주겠다. 그것은 우리가 자신을 완전히 내려놓지 않았기 때문이다. 우리는 자주 우리 안에서 일하시는 하나님을 방해한다. 주님은 우리가 그분만 바라보고 그분을 방해하지 않기를 원하시지만 우리가 그분을 방해하지 않도록 만드실 수는 없다. 우리는 겸손하고 온유하기보다는 외적으로 좋은 인상을 주려고 안간힘을 쓴다. 우리의 내면을 하나님께 드러내야 한다는 것은 성경의 분명한 가르침이다. 하지만 우리는 종종 내면의 상태를 숨기려고 한다. 내면의 상태를 숨기면 하나님은 그것을 바꾸실 수 없다. 우리는 내적 상태를 숨기고 우리의 영적 가난을 위장한다.

만약 우리가 우리의 영혼을 갑자기 하나님의 외부적 시각으로 볼 수 있다면, 우리는 가장 부끄러운 모습을 하고 있을 것이다. 더러는 간신히 서 있거나 누더기를 걸친 모습일 것이다. 너무나 더러워서 기본적인 품위조차 잃은 사람도 있을 것이다. 상처투성이인 사람들, 심지어 사회의 밑바닥에서도 외면당할 사람들일 것이다. 하지만 우리는 우리 영혼이 얼마나 빈궁한지 알면서도 하나님께 그 사실을 말하려 하지 않는다. 그것이 우리가 그토록 오래 기다려야 하는 이유다. 그리고 하나님과 계속 동행하기 원함에도 불구하고 실제로는 그러지 못하는 이유다. 우리는 자신의 평판을 유지하기 위해 영혼의 빈궁함을 속이고 내면의 상태를 감춘다.

하나님을 이용해 자기 이익을 취하는 사람들

또 우리는 스스로 얼마간의 권위를 행사하고 싶어 한다. 최종적 열쇠를 예수님께 넘겨 드리려 하지 않는다. 우리가 원하는 것은 이중 통제권이다. 주님이 운영하시도록 하되 주님이 실패하실 경우를 대비해 우리가 일부 통제권을 가지려고 한다. 그래서 모든 권위를 주님께 넘겨 드리지 않는다. 우리는 스스로 영광을 얼마간 누리고 싶어 한다. 우리는 기꺼이 영광이 주께 있고 하나님의 나라도 주의 것이라고 노래한다. 하지만 자신을 위해 약간의 영광을 남겨 두길 원한다.

페늘롱은 말했다. "우리는 자신의 이익을 끊임없이 좇는 일에 이상하리만치 창의적이다. 세속적인 사람들이 거칠고 뻔뻔하게 하는 일들을, 하나님을 위해 살고 싶다는 사람들이 그 일들을 더욱 교묘하게 행한다." 이해하겠는가? 거의 헛웃음이 나올 지경으로, 우리는 하나님의 이익을 추구한다는 미명하에 자신의 이익을 좇는 능력이 출중하다. 그렇기 때문에 나는 수천 명이 선교, 치유, 예언, 더 깊은 영적인 삶, 그리고 다른 모든 것을 이용해서 오직 자신의 개인적 이익을 은밀히 도모하고 있다고 말할 수 있다. 그들은 그것들을 핑계로 삼아 진심을 잘 덮어 두기 때문에 자신의 내면이 얼마나 추한지 결코 알지 못한다.

우리는 십자가에서 스스로를 구원하려 하기 때문에 이율배반적인 모습을 보인다. 십자가 죽음을 원하는 사람은 아무도 없지만, 바울은 십자가에서 죽기 원하며 그 죽음이 어떤 것인지 알기 원한다고 했다. 그러면 더 좋은 부활을 얻을 것이라고 했다. 헬라어를 아는 사람들은 그것이 바로 주님이 하신 말씀임을 안다. 바울은 "그래서 그가 나를 죽음에서 일으키실 것이다"라고 말하지 않았다. 모든 그리스도인이 죽음에서 부활할 것이지만, 그는 예수님처럼 더 좋은 부활을 원한다고 했다. 그러기 위해서는 그분처럼 죽어야 한다고 했다. 우리는 기꺼이 조금씩 한 번에 한 부분씩 죽으려고는 하지만, 항상 자신의 일부를 조금이라도 십자가에서 구해 내고 싶어하며, 그래서 언제나 곤경에 빠지게 된다.

우리는 언제든 이율배반적이 될 수 있다. 채움받기를 간청하면서도 그 채움을 거부하고, 채움받기를 간청하면서도 하나님이 우리를 채우시는 것을 방해한다. 주님은 우리가 그분만 바라보고 그분이 하시는 대로 내버려 두기를 바라신다. 그러나 우리는 채워지기를 간구하면서도 채우심에 저항하는 것 같다. 기이한 교묘성이다. 우리의 의지가 충분히 발휘되지 않는 이유는 우리 안에 있는 이상한 모순 때문이다. 세상 사람들은 조잡하게 처신하지만, 하나님을 위해 산다는 우리는 자주, 보다 교묘하게 처신한다. 물론 전능하신 하나님 앞에서는 교묘할 수가 없지만 우리가 볼 때는 그렇다. 우리는 스스로 모순되며 그것이 문제다.

우리 안에는 죽지 않으려는 부분이 있다. 우리는 그것을 살려 두고 싶어 한다. 그리고 영혼의 빈곤이나 내면의 끔찍한 상태를 아무도 눈치채지 못하게 하려고 한다. 자신의 명예와 작은 영광을 잃지 않으려 하고 그래서 영원한 모순의 상태에 살고 있다. 이것이 바로 그리스도인들이 행복하지 않은 이유다. 항상 십자가를 지고 있는 사람은 행복하지 않다. 그것을 극복하고 "당신의 손에 내 영혼을 맡기나이다"라고 말하며 자기방어를 멈추고 마침내 자신을 내려놓을 때 행복하다. 그제야 그는 죽을 수 있다. 하지만 부활이 뒤따를 것이다.

그리스도와 연합하고 하나님의 길을 가라

평범하고 어중간한 그리스도인, 자기가 가야 할 곳까지 가지 못하고 중간 지점에 멈춘 그리스도인, 천국이 아니라 천국 가는 길 절반까지만 오른 그리스도인, 그 이상이 되고 싶은가? 자신의 이익을 포기하고 하나님 손에 자신을 맡기기 전까지는 결코 그리스도 안에서 성장할 수 없다.

아도니람 저드슨은 미국 최초 해외 파송 침례교 선교사로 주로 버마(미얀마)에서 사역했다. 우리는 그의 삶에 대해 읽으며 "주님, 저도 그렇게 쓰임받게 하소서"라고 기도한다. 또는 무디의 삶에 대해 읽고 "주님, 무디에게 하셨던 것처럼 제게도 그렇게 해 주소서"라고 간청한다.

하나님은 우리가 그저 길을 걷고 있을 때도 성령을 부어 주실 수 있지만, 여러분은 하나님께 그 방법을 알려 드리며 동시에 자신의 영광을 조금이라도 붙들려고 한다. 삶 가운데서 십자가에 못 박히지 않은 부분을 남겨 두려고 한다. 우리는 원칙적으로는 십자가에 못 박히길 원한다고 말하나 실제로 그것을 원하는 사람은 아무도 없다. 자신을 하나님 손에 맡기고 그분이 하시는 대로 내버려 두기 전까지, 우리는 현재의 모습 그대로인, 그저 행복한 노래를 부르는 평범한 그리스도인일 뿐이다. 영적인 삶에 진전을 이루지 못하며 주님과의 하나 됨이 무엇인지 경험으로 알지 못하면서 마음이 깨끗해지려는 생각만 있다면, 변함없이 주님을 사랑하고 주님께 합당한 찬양을 드리기란 불가능할 것이다.

손가락 마디가 하얗게 될 정도로 창턱에 매달린 사람이

있다. 주님은 그에게 "나를 바라보고 손을 놓으라"라고 말씀하신다. 하지만 그는 그렇게 하지 않을 것이다. 그는 천국에는 갈 것이다. 결코 천국을 놓치지 않을 것이다. 그리스도를 영접했기 때문이다. 우리는 성경으로 그 사실을 알고 있다. 하지만 바울은 말한다.

> "내가 그리스도와 그 부활의 권능과 그 고난에 참여함을 알고자 하여 그의 죽으심을 본받아 … 형제들아 나는 아직 내가 잡은 줄로 여기지 아니하고 오직 한 일 즉 뒤에 있는 것은 잊어버리고 앞에 있는 것을 잡으려고 푯대를 향하여 그리스도 예수 안에서 하나님이 위에서 부르신 부름의 상을 위하여 달려가노라"(빌 3:10, 13-14).

"은혜로 보는 자만 보게 될 것입니다." 그리고 나머지 사람들은 하릴없이 시간만 보내다가 늙어서, 장의사만 기다리게 될 것이다. 그런 사람들은 해마다 기독교 콘퍼런스에 참석하지만 아무것도 얻지 못한다. 해마다 설교를 듣지만 아무것도 얻지 못한다. 해마다 성경 공부에 참석하지만 영적 진전을 이루지 못한 채 물 위로 간신히 턱만 내놓고 있다. 은혜로 보는 사람은 볼 것이다. 하지만 우리는 그리스도인의 삶을 변명과 핑계로 변조시키는 일에 놀랍도록 교묘해서 하나님의 영광을 조금이라도 가로챈다. 그리고 하나님의 길로 들어서는 대신에 자신의 길을 가려고 한다.

내가 속한 기독교선교연맹 공동체에서는 더 깊이 있는 삶을 사는 교회가 되기를 추구한다. 그리스도 안에서 승리하는 삶을 살 수 있다고 믿으며, 그분과 연합함으로써 모든 고난을 뛰어넘고 사망의 음침한 골짜기를 통과해 세상의 물질과 염려에서 비롯되는 무거운 짐과 부담을 벗어 버릴 수 있다고 믿는다. 모든 것을 포기하고도 여전히 모든 것을 가질 수 있으며, 모든 것을 내어 놓지만 여전히 안전하다고 믿는다.

예수님에 대한 다음의 말씀을 기억하는가?

"너희 안에 이 마음을 품으라 곧 그리스도 예수의 마음이니 그는 근본 하나님의 본체시나 하나님과 동등됨을 취할 것으로 여기지 아니하시고 오히려 자기를 비워 종의 형체를 가지사 사람들과 같이 되셨고 사람의 모양으로 나타나사 자기를 낮추시고 죽기까지 복종하셨으니 곧 십자가에 죽으심이라"(빌 2:5-8).

이제 여기서 멈추고 책을 덮을까? 아니다.

"이러므로 하나님이 그를 지극히 높여 모든 이름 위에 뛰어난 이름을 주사 하늘에 있는 자들과 땅에 있는 자들과 땅 아래에 있는 자들로 모든 무릎을 예수의 이름에 꿇게 하시고 모든 입으로 예수 그리스도를 주라 시인하여 하나님 아버지께 영광을 돌리게 하셨느니라"(빌 2:9-11).

주님은 극심한 슬픔을 딛고 죽음을 이기고 살아나셨고 승천하시어 영광의 승리를 거두셨다. 하나님의 모든 자녀도 마찬가지다. 하나님이 우리를 정복하실 때까지 우리는 결코 아무것도 정복하지 못할 것이다. 우리가 적을 정복하려면 하나님이 우리를 정복하시게 해 드려야 한다. 원수에게 달려들지 말고, 그냥 하나님께 복종하고 하나님이 여러분을 정복하시게 하라. 그러면 하나님이 모든 적들을 정복하신다. 그렇게 하겠는가? 관심이 있는가? 하나님의 성령으로 충만하고 성령의 은사를 받아 특별한 그리스도인의 단계로 나아감으로써, 이 땅의 삶에서 최고의 승리를 누리길 원하는가? 그 승리를 자랑하지 않고 비할 데 없이 온유하고 겸손하게 하나님께 감사드리겠는가? 하나님의 선하신 은혜로 보는 자는 보게 될 것이다. 즉, 들을 귀 있는 자는 듣게 하라.

6장

내 온몸을
십자가에
못 박으소서

"그때에 내가 말하기를 내가 왔나이다 나를 가리켜 기록한 것이 두루마리 책에 있나이다 나의 하나님이여 내가 주의 뜻 행하기를 즐기오니 주의 법이 나의 심중에 있나이다 하였나이다"(시 40:7, 8).

거칠게 요약해 보자면, 영적 온전함이나 성숙은 모두 하나님의 뜻을 행하는 것 그 이상도, 그 이하도 아니다. 이제 나는 하나님의 뜻이 우리의 십자가와 어떤 관계가 있는지 말해 보려고 한다.

성경의 가르침에 삶을 일치시키다

지옥은 하나님의 뜻을 결코 행하지 않는 곳이기에 지옥이다. 천국은 하나님의 뜻이 언제라도 이루어지는 곳이기에 천국이다. 그러나 지옥과 천국 사이에는 이 땅이 있다. 이 땅은 구원받지 못한 자들이 사는 곳처럼 하나님의 뜻이 전혀 이루어지지 않거나, 대부분의 그리스도인이 사는 곳처럼 하나님의 뜻이 부분적으로만 이루어지는 곳이다.

하나님의 뜻과 우리 사이에는 이중적 관계가 이루어질 수 있는데, 수동적이거나 능동적인 관계다. 하나님이 하시는 일에 내어 맡길 때 우리는 수동적 입장이 된다. 마리아가 하나님의 뜻을 찬양하며 "말씀대로 내게 이루어지이다"(눅 1:38)라고 대답했을 때도 그랬다. 천사가 전한 것은 하나님이 하실 일이었지 마리아가 할 일이 아니었다. 그래서 수동적 굴복을 하게 된다. "하나님, 그렇게 하세요. 저를 향한 주님의 뜻을 받아들이겠어요. 주님이 허락하시는 것은 무엇이든지 받을 만합니다"라고 말하는 것과 같다. 이런 굴복은 필요하며 유익하다.

또한 하나님의 뜻을 보다 능동적으로 따르는 관계가 있다. 곧 하나님의 계명을 자발적으로 준수하는 것이다. 이는 하나님이 지시하시는 대로 큰 변화를 일궈 내는 것이다. 어떤 것은 내려놓고 다른 것은 받아들이며 모든 삶을 신약성경에 일치시키는 것이다. 이것이 바로 내가 교회 개혁이라고 부르는 것이며, 이를 도모하면 부흥이 따를 것이다. 그러나 그 부흥이 아직은 교회 전체에 올 수 없다면, 하나님의 계명을 적극적이고 자발적으로 지키는 이들에게 먼저 올 것이다.

폴 레이더(Paul Rader, 1878-1938) 목사님의 인상 깊은 설교를 들은 적이 있다. 하나님이 엘리야의 기도를 들으신 것은 엘리야가 하나님 말씀을 경청했기 때문이라는 내용이었다. 그는 또 하나님이 엘리야의 말대로 행하신 것은 엘리야가 하나님의 말씀대로 행했기 때문이라고 했다. 이 둘은 따로 떼어 생각할 수 없다. 우리가 앉아서 "주님의 뜻대로 이루소서 주님의 뜻대로 이루소서"라고 찬송하지만 그저 손 놓고 그 뜻이 이루어지기를 기다리기만 할 때가 얼마나 많은가? 우리는 주님의 뜻에 수동적으로 굴복하고 있다. 하지만 그것은 단지 일면일 뿐이다. 다른 한편으로는 하나님의 음성을 듣고 그대로 행한다. 이것이 적극성이다. 이는 모든 삶을 신약성경의 가르침 곧 성경의 가르침에 일치시키는 것을 뜻한다.

나만의 십자가를 지다

하나님의 뜻에는 축복과 고통과 결실이 공존한다. 바울은 그것을 그리스도의 고난에 참여하는 일이라고 일컬었다. 내가 확신하기는, 우리가 십자가 이후의 권능을 좀처럼 누리지 못하는 한 가지 이유는 십자가 이전의 고난을 자처하지 않기 때문이다. 그리고 하나님의 뜻으로 말미암아 고통스러워지고 싶지 않기 때문에 수동적이기를 원한다. 바울은 하나님의 뜻으로 인해 괴로움을 겪는 것을 그리스도의 고난에 참여하는 일이라고 말했다. 잊지 말자. 그리스도의 고난에 참여함으로써 우리는 주님의 나타나심 또한 분명히 보게 될 것이다. 이 세상에서 내가 원하는 것이 있다면 그것은 바로 내 영혼이 즐거워하는 분의 임재를 분명히, 계속해서 경험하는 것이다. 우리가 이 일에 실패하는 이유는 하나님의 뜻을 십자가와 연관시키지 않기 때문이다.

성경의 위대한 인물들은 그리스도 시대 이전에도 십자가에 대해 알고 있었다. 그 십자가가 피로 물든 언덕에 세워지기 전에 그들이 본질적인 십자가를 알았던 이유는 그들의 순종이 '십자가'를 불러왔기 때문이다. 야곱의 십자가는 자신의 육신적 자아에서 비롯되었다. 그리스도인들은 자주 자신의 마음에 깃든 불순함을 쫓아낼 필요가 있다. 자신의 마음과 씨름해야 할 필요를 느끼지 못한다면 아마도 그는 자신의 마음을 모르기 때문일 것이다. 야곱은 처음과 달리 나중에는 자신의 마음을 제대로 알았다. 야곱의 십자가는 인간이 감당할 수 있는 최악의 십자가였다. 그것은 바로 야곱 자신이었다. 그리고 다니엘의 십자가는 세상이었다. 욥의 십자가는 마귀였다. 그래서 우리에게는 야곱과 다니엘과 욥에게 있던 세상, 육신, 마귀가 모두 있을 수 있다. 마귀는 욥을 십자가에 못 박았고, 세상은 다니엘을 십자가에 못 박았으며, 야곱은 자신의 야곱스러움 곧 자신의 육신적인 성향으로 인해 십자가에 못 박혔다.

모세에게는 하나님의 백성을 억압하던 자들이 십자가였음을 알 수 있다. 그리고 사도들의 십자가는 종교적 권위자들로부터 비롯되었다. 또 루터를 보자. 그의 십자가는 나무 십자가를 즐겨 만드는 가톨릭교회로 인한 것이었다. 웨슬리의 경우에, 십자가는 개신교회로 인한 것이었다. 나는 이후로도 역사 속에서 하나님의 뜻을 따라 십자가를 졌던 위대한 성도들의 이름을 얼마든지 댈 수 있다. 대부분 그리스도가 오시기 전에 이 땅에 살았던 이들이며, "내가 그리스도와 함께 십자가에 못 박혔나니"(갈 2:20)라고 말했던 바울처럼 주님이 십자가에서 돌아가신 이후의 인물들도 있다. 그들은 모두 믿음으로 앞만 바라보았고, 결국 하나님의 뜻에 순종함으로써 고통스럽지만 축복과 결실이 있는 자리에 이르렀다.

내 마음을 하나님 뜻에 맞출 때의 고통

이제 십자가는 더 이상 언덕에 올라가 죽음을 맞는 것이 아님을 짚어 볼 필요가 있다. 예수님이 지상에 계셨을 때, 그분을 물리적으로 따르는 방법은 생업을 제쳐 두고 "난 이제 예수님을 따르겠어"라고 말하며 가족들에게 작별을 고하는 것이 가장 손쉬운 방법이었다. 수천수만 명의 사람들이 그렇게 했다. 그러나 그들은 물리적으로는 주님을 따랐지만 영적으로는 주님을 이해하지 못했다. 그래서 십자가 문제를 해결할 수 있는 가장 쉽고 값싼 방법은 물리적으로 십자가를 지는 것이다. 하지만 여러분의 십자가가 세상으로 나가서 먼지를 뒤집어쓰며 예수님을 따라다니는 것은 아닐 것이다. 두 강도와 함께 언덕에 나란히 십자가에 못 박히는 것도 아닐 것이다. 우리의 십자가는 순종함으로 자신의 마음을 하나님의 뜻에 맞추는 고통이 될 것이다. 여기에 우리의 정체성이 있다.

우리 플리머스형제교회 교우들은 바람직하게도 주님의 뜻에 자신을 일치시키기 위해 힘쓰고 있다. 그러한 동일시나 그리스도와의 하나 됨, 또는 바울이 말했던 십자가로 이룬 하나 됨 속에서 우리는 영으로 하나가 된다. 이것은《하나님을 감추는 구름》을 쓴 무명의 저자도 몹시 공감했던 부분이며, 그는 책에서 우리가 하나님과 하나 됨을 추구해야 한다고 가르친다. 진실한 그리스도인들이 진지하게 이런 노력을 기울여서 복음주의 안에서는 '광신적'이라고 오해받을 정도로 열정적인 방법으로 하나님과의 하나 됨을 추구하게 하는 것이 이 책의 목적이다.

십자가 너머에 있는 부활과 하나님 임재

부활은 살펴보아야 할 또 다른 개념이다. 어떤 이들은 죽음을 지나치게 강조해서 결코 누구도 죽음을 벗어나지 못하도록 만든다. 그들은 죽음을 설교하고 설교하고 또 설교한다. 젊은 시절 나는 놀라울 만큼 성령으로 충만했고 영적 생활도 순탄했다. 십자가에 관한 한 권의 책을 읽기 전까지는 말이다. 기억에 따르면, 나는 그 책의 첫 장부터 십자가에 올라간 기분이었고 마지막 장을 읽을 때도 여전히 내려오지 못하고 있었다. 그 결과 시종일관 우울함을 떨쳐 버릴 수 없었다. 저자 자신은 우울한 사람이 아니었으나 어찌 됐든 책에는 우울감이 감돌았다. 나는 그것을 떨쳐 내느라 애먹었고, 완전히 벗어나기까지 꽤 오랜 시간이 걸렸다.

그때로부터 시간을 조금 더 거슬러 올라가면 A. B. 심슨이라는 설교자가 있다. 그가 십자가에 다가간 방식은 너무나 경이로워서 한 세대를 충격에 빠트리기도 했지만 동시에 그 세대에게 복된 일이기도 했다. 그는 십자가를 가르쳤다. 그러나 십자가 너머에는 부활이 있고, 부활을 통한 주님과의 하나 됨이 있으며, 하나 됨을 통해 드러나는 주님의 현현이 있다. 알고 있는가? 매번 생각할 때마다 눈물이 날 정도로 기쁨을 주는 가장 바람직한 것이 있다면 여러분을 향한 구세주의 친밀한 사랑을 느끼고 불현듯 하나님의 임재를 경험하는 것이다. 하나님은 항상 그러한 방법으로 오셨다. 나는 그 임재를 보고 싶다.

하나님의 갑작스러운 나타나심을 경험한다면 나는 그것을 주님이 내게 베푸신 가장 큰 은총으로 여길 것이다. 하나님을 경험함은 예배당 통로를 데굴데굴 구르는 것을 뜻하지 않는다. 고함을 지르거나 방언을 하는 것도 아니다. 하나님의 나타나심은 어떤 물리적 나타나심을 뜻하지 않는다. 가장 부드럽게 솟는 기쁨의 눈물이 흘러내릴 때를 제외하고는 말이다. 나는 그저 우리의 영혼에 인식되는 임재를 말하려는 것이다. 그것이 전부다. 그리고 그분은 기꺼이 그러한 임재를 허락하신다. 웨일스 부흥기 때 성도들에게 그런 일이 일어났다. 때로는 설교자가 설교할 수 없을 정도로 하나님의 충만한 임재를 경험했다. 오늘날엔 그런 일이 흔치 않을뿐더러 원하는 이들조차 없다. 그것이 내가 개혁이 필요하다고 말하는 이유다. 이것을 다시 회복해야 진정한 부흥을 기대할 수 있다.

이제 이 세 단어, 곧 동일시, 부활, 현현을 들여다보자. 이 모두는 우리 주 예수 그리스도의 십자가를 통해 이루어진다. 여러분에게 십자가에 관한 문구를 서너 가지 들려주고 싶다. 예수 그리스도의 고결함이 전 세계로 알려졌을 뿐 아니라

《하나님을 감추는 구름》을 통해 오늘날까지 전해지는 옛 성도의 글귀다. 그는 말한다. "하나님은 우리에게 십자가를 지우실 때 매우 독창적이십니다." 생각해 보라! 하나님은 독창적이시다. 우리가 만약 "난 믿음으로 그리스도와 함께 십자가에 못 박혔어"라고 말한다 해도 그것은 실제 십자가가 아니다. 그저 원론적인 말일 뿐이다. 그러나 하나님은 여러분을 정말로 십자가에 못 박고자 하신다. 그분은 십자가를 만들 때 독창적이시다. 때로 그분은 재료 자체가 무거운 철과 납인 십자가를 만드신다. 또 때로는 무게가 전혀 나가지 않을 것 같은 짚으로도 십자가를 만드신다. 하지만 지고 가기엔 철로 된 십자가 못지않게 힘들다. 가벼울 것 같은 이런 지푸라기 십자가에 여러분은 에누리 없이 못 박힐 수도 있다.

사랑하기에 우리를 십자가에 못 박으시다

육체적 연약함을 성령의 이러한 예속에 참여시키는 것을 하나님은 자주 기뻐하신다. 옛 저자는 이 두 십자가를 함께 짊어지는 것보다 더 유익한 일은 없다고 말한다. 그러면 우리는 머리부터 발끝까지 온몸이 십자가에 못 박혀야 한다. 예수 그리스도가 머리부터 발끝까지 십자가에 못 박히셨음을 알고 있는가? 그분의 거룩한 본성 중 십자가로 인해 고통받지 않은 부분은 하나도 없었다. 그분은 머리부터 발끝까지 십자가에 못 박히셨다. 하나님은 이렇게 인간의 능력을 무력하게 만드신다. 인간의 능력은 힘을 가장한 약점일 뿐이다.

여러분이 어떤 지적 능력을 지녔든, 혹 그것이 빼어난 지능이라 할지라도 여러분은 그로 인해 괴로움과 곤경에 빠질 수 있다. 하지만 그것을 하나님이 명하시는 대로 사용한다면 얼마든지 좋은 것이다. 그렇지 않다면 그것은 위장된 약점일 뿐이다. 재능을 지니고 있는가? 그것은 그저 위장된 약점일 뿐이다. 여러분이 가진 모든 것은 인간의 위장된 약점일 뿐이다. 하나님은 그것을 부끄럽게 만드신다.

《하나님을 감추는 구름》의 저자는 말하기를, 하나님은 세상이 가장 우러러보는 것을 가장 우스꽝스럽고 끔찍한 것으로 만들고자 하시므로, 자신이 한없이 드높인 것을 가차 없이 내치실 수도 있는 분이라고 한다. 그리고 하나님이 십자가에 인간을 머리부터 발끝까지 못 박으시는 이유는 그를 한없이 높이고 싶으시기 때문이라고 한다. 나는 사도 바울이 빌립보서 2장 5-8절에서 한 말을 다시 한 번 인용하고 싶다.

"너희 안에 이 마음을 품으라 곧 그리스도 예수의 마음이니 그는 근본 하나님의 본체시나 하나님과 동등됨을 취할

것으로 여기지 아니하시고 오히려 자기를 비워 종의 형체
를 가지사 사람들과 같이 되셨고 사람의 모양으로 나타나
사 자기를 낮추시고 죽기까지 복종하셨으니 곧 십자가에
죽으심이라"

그다음 구절을 알고 있는가?

"이러므로 하나님이 그를 지극히 높여 모든 이름 위에 뛰
어난 이름을 주사 하늘에 있는 자들과 땅에 있는 자들과
땅 아래에 있는 자들로 모든 무릎을 예수의 이름에 꿇게
하시고 모든 입으로 예수 그리스도를 주라 시인하여"(빌
2:9-11).

하나님은 지극히 높이고자 하는 이들을 오히려 가차 없
이 십자가에 못 박으실 것이다. 나는 그것을 믿는다. 《하나님
을 감추는 구름》은 이렇게 말한다. "그렇다면 고통은 오직 하
나님 앞에서 묵묵히 받아들임의 문제일 뿐입니다. 왜냐하면
우리 안에 영적 황량함을 불러일으키는 분이 하나님이시기
때문입니다." 우리를 겸손하게 하시고 우리의 참모습을 보여
주시기 위해 하나님은 우리 안에 메마름과 조바심과 낙담을
불러일으키신다. 이 모든 것을 그분이 하신다. 우리는 그저

그분을 바라보고 숭배하기만 하면 된다. 하나님이 우리에게 죽음을 맛보게 할 동안 그분을 숭배하고, 우리를 십자가에 못 박으실 동안 그분을 사랑하기만 하면 된다. 친애하는 옛 저자는 주님이 지극히 높이시려는 자들을 냉혹하게 십자가에 못 박으신다고 말한다.

드높아지고 싶은가? 하나님께서 그분의 뜻을 받는 천사들과 피조물들에게 이렇게 말씀하시기를 바라는가? "이 사람에게 모든 것을 밝히 드러내 보이라. 내가 그를 데려갈 곳을 정하는 데는 어떤 제한도 없다. 그가 가질 수 있는 것에는 어떤 한도도 없다. 그냥 모든 것이 드러나도록 덮개를 벗겨 두어라. 어떤 상한선도 없다. 내가 그를 한없이 드높일 것이다. 왜냐하면 그를 먼저 십자가에 못 박을 것이기 때문이다." 이에 관해 옛 저자는 말한다. "자신을 불쌍히 여겨 십자가에 못 박으시는 하나님의 손길을 생각할 수 있는 자들은 행복합니다." 하나님은 가차 없이 십자가에 못 박으시지만 또한 불쌍히 여기는 마음으로 십자가에 못 박으신다.

자녀를 길러 본 사람이라면, 자녀에게 가차 없이 벌을 내리면서도 자녀를 불쌍히 여기는 것이 무엇인지 알 것이다. 자녀를 위해 기도하면서 그 자녀가 훌륭한 성인으로서 가장 바람직한 본보기가 되기를 바라는 마음이 무엇인지 알 것이다. 여러분은 자녀를 사랑한다. 필요하다면 자기 몸속의 피도 줄 만큼 사랑한다. 그럼에도 냉정하게 훈육하기도 한다. 그것이 무엇인가? 냉정히 처벌할 수 있는 것은 그들을 측은히 여기기 때문이다. 이 아름다운 모순을 이해하겠는가? 그것이 하나님의 마음이다. 자녀들을 향한 하나님의 긍휼이다. 우리가 하나님이 원하시는 사람이 될 수 있도록 그분이 우리에게 매를 아끼지 않도록 해 드리자.

이 모든 것을 행하는 분은 하나님이시다. 우리는 오직 그분을 바라보고 흠모할 뿐이다. 멀지 않은 장래에 여러분이 가진 것이라곤 하나님과 십자가밖에 없는 때가 올 것이다. 하나님의 뜻 안에 있기 때문에 그 십자가는 여러분의 것이 된다. 십자가는 어떤 곳에서도 올 수 있다. 내 경우에 십자가는 보통 하나님이 나를 넘어지게 하거나 콧대를 꺾으려 하실 때, 내가 어리석은 일을 해서 내 영혼에 상처를 입도록 놔두실 때, 나의 내면에서 온다. 그것이 십자가이며 주님이 나를 그곳에 못 박으신다. 이때 우리가 할 일은 오직 그분을 바라보고 흠모하는 것뿐이다. 오직 그분과 같아지고 함께 부활해서 그분을 나타내며 권능을 입기를 바라며 "하나님, 저를 머리부터 발끝까지 온전히 십자가에 못 박으소서"라고 고백하는 것이다.

이것이 지금 우리에게 필요한 개혁이다. 한때는 교회에 성경을 되찾아 줄 개혁이 필요했다. 한때는 그리스도 예수를 믿어 의롭다 함을 받고 깨끗함을 얻으라고 가르칠 개혁이 필요했고, 웨슬리파의 주도하에 그것을 이루어 냈다. 이제 우리는 하나님의 뜻을 받아들이고 흠모하며 하나님께 시선을 모으고 그분이 일하도록 해 드릴 개혁이 필요하다. 교리상으로 건전해 보인다 해도 영적이지 않고 그리스도답지 않고 성경과 일치하지 않는 것은 모두 버리라. 그리고 그분을 바라보며 그분이 일하시도록 하고, "십자가여, 은혜의 십자가여! 내가 너를 품는다"라고 말하라.

"머리부터 발끝까지 십자가에 못 박으소서"

왜 부활절은 성금요일이 지난 다음에 오는지 생각해 본 적이 있는가? 성금요일이 있어야만 부활절도 있다. 주님이 부활하시어 형제들 가운데서 함께 찬양하시기 전에 먼저 형제들 가운데서 머리를 숙이고 고난을 받으셔야 했다. 오늘날의 교회는 이것을 잃어버렸다. 우리가 아는 유일한 고난은 외부로부터 우연히 주어지는 고난이다. 그리고 우리는 그것에 관한 책을 쓰고, 벗어날 수만 있었다면 그런 식으로 고난을 견디지 않았을 사람들을 영웅으로 만든다. 그러나 우연히 일어난 일로 공로를 인정받을 수는 없다. 그것은 십자가가 아니다. 여러분의 십자가는 하나님을 바라보고 그분이 일하시게 하며 감사하고 경배하는 가운데 하나님의 손에서 받는 것이다. 그리고 여러분이 얼마든지 피할 수 있음에도 피하지 않는 그것이 진정한 십자가다.

그다음에 영광스러운 부활이 찾아온다. 생명과 축복이 찾아온다. 새벽빛이 비치기 전에 칠흑 같은 밤의 어둠이 있어야 한다. 부활의 생명이 오기 전에 다른 종류의 생명을 끝내는 죽음이 있어야 한다. "십자가여, 은혜의 십자가여! … 죽음당하신 예수님을 흠모합니다."

오래전에 썼던 작은 기도문이 하나 있다. "하나님, 그릇되게 살기보다는 올바르게 죽도록 이끌어 주소서." 나는 비천한 곳에서 처량한 삶을 살기보다는 높은 곳에 도달한 뒤 생명의 빛이 꺼지는 편이 낫다. 그릇되게 살기보다는 올바르게 죽는 편을 택하겠다. 복된 십자가, 지극히 높은 하나님의 선한 뜻. 그에 대해 여러분은 얼마나 알고 있는가? 여러분은 그 안에 있는가? 그것이 여러분에게 또는 여러분을 위해 무엇이라도 해 주었는가? 여러분은 아름답고 복된 고난의 장소, 성찰하고 괴로워하는 마음의 장소를 알고 있는가? 그렇지 않다면 축복과 영광도 결코 알 수 없다. 죽을 때까지 부흥을 위해 기도해도 결코 그것을 경험하지 못할 것이다. 그룹 모임에 참석해 밤새도록 부흥을 위해 기도해도 얻을 것은 수고로움이요, 잃을 것은 수면뿐일 것이다.

우리가 이런 개혁을 믿는다면 그 대가가 무엇이든 노력해 보는 게 어떨까? 주님께 나아가 이렇게 아뢰어 보자. "하나님의 복된 뜻, 복된 십자가, 나의 복된 구세주를 흠모합니다. 나를 머리부터 발끝까지 십자가에 못 박아 주소서." 나는 여러분의 깊은 고뇌 가운데서 벧엘의 제단이 세워질 것을 믿는다.

십자가여, 머리를 들어 바라보나니
감히 너를 버리고 날아가 버리기를 구하지 않네.
나는 영광이 다한 생명을 티끌 가운데 내려놓나니
그 땅에서 붉은 꽃이 피어
생명은 무한히 이어지리.

하나님께 나아와서 최선의 방법으로 여러분의 영광을 티끌 속에 내려놓지 않겠는가? 주님께 순종하며 여러분을 향한 하나님의 뜻을 구하지 않겠는가? 그분의 뜻과 십자가, 하나님과 하나 됨, 임재, 영광, 부활, 생명을 구하지 않겠는가? 그렇게 하지 않겠는가?

Toward a More

Perfect Faith

제3부

하나님을 가리는
구름을 뚫고 올라가다

7장

지성으로
하나님을 알 수 있다는
오만

전기 기술자라면 누구나 전기 장치에는 양극과 음극이 있음을 알고 있다. 오늘날 복음주의 그리스도인들은 우리의 주요 본문인 빌립보서 3장 및 성경에 나오거나 성경 시대 이후에 살았던 위대한 믿음의 인물들과는 그 신앙 태도에 있어 마치 음극과 양극처럼 큰 차이가 있다.

내 영혼이 주님을 갈망합니다

시편에 나오는 다윗을 예로 들어 보자. 다윗은 "하나님이여 사슴이 시냇물을 찾기에 갈급함같이 내 영혼이 주를 찾기에 갈급하니이다 내 영혼이 하나님 곧 살아 계시는 하나님을 갈망하나니 내가 어느 때에 나아가서 하나님의 얼굴을 뵈올까"(시 42:1-2) 하고 간절히 주님을 찾았다. 또 "하나님이여 주는 나의 하나님이시라 내가 간절히 주를 찾되 물이 없어 마르고 황폐한 땅에서 내 영혼이 주를 갈망하며 내 육체가 주를 앙모하나이다 내가 주의 권능과 영광을 보기 위하여 이와 같이 성소에서 주를 바라보았나이다"(시 63:1-2)라고 토로했다. 이어서 "나의 영혼이 주를 가까이 따르니 주의 오른손이 나를 붙드시거니와"(시 63:8)라고도 고백했다. 이것이 바로 다윗의 언어다.

이런 언어들은 아브라함부터 시작하여 구약성경과 옛 경건서 곳곳에서 발견할 수 있다. 그들은 갈급했다. 그리고 그들과 우리의 삶의 태도가 다른 것은 그들은 하나님을 찾고 발견하고 또 찾고 발견하고 다시 더 많이 찾았기 때문이다. 그러나 우리는 하나님을 믿고 영접한 뒤에는 더 이상 찾지 않는다. 그것이 차이점이다.

이름만 들어도 가슴이 뛰는 위대한 성도들을 생각해 볼 때, 그들이 우리와 똑같이 우리 주 예수 그리스도 덕분에 미덕을 갖게 되었음을 이해할 필요가 있다. 그들의 공로는 우리와 같은 샘에서 나왔다. 그들의 이름이 우리의 존경을 불러일으키는 이유는 그들에게는 바울이 말했던 갈급함이 있었기 때문이다. 바울은 자신에게 유익했던 모든 것을 그리스도를 위하여 다 해로 여기고, 예수께 잡힌 바 된 그것을 잡으려고 달려가며, 과거에 이미 이룬 일은 다 잊어버리고 앞을 향해 나아간다고 선언했다. 그래서 아우구스티누스, 타울러, 야콥 뵈메, 토마스 아 켐피스, 리처드 롤, 클레르보의 버나드,

클루니의 버나드, 스페인의 맨발 수도회를 이끌었던 십자가의 요한, 마담 귀용, 그리고 여러 이름들이 그렇게 위대한 것이다.

그들의 이름을 들으면 우리의 마음이 고양되는 이유는 무엇일까? 우리가 갖고 태어나지 않았거나 잠재적으로 갖지 못한 어떤 것을 그들만 가지고 있었던 것이 아니다. 그들의 이름이 아름다운 이유는 그들이 하나님을 갈망하고 목마른 영혼이기 때문이다. 그들은 사냥개에 쫓기는 사슴과도 같다. 목말라 물을 갈망하며 "날 좀 내버려 둬. 내 영혼이 하나님을 찾고 있어"라고 호소한다. 그리고 마침내 그분을 발견한다.

오래전 한 믿음의 사람은 "류트*가 감미롭게 연주되는 것을 듣는 것과 류트가 연주되었다는 말을 듣는 데는 큰 차이가 있다"라고 말한 적이 있다. 그는 허다한 그리스도인들에게 이런 일이 일어나고 있다고 했다. 그들은 류트가 연주되었다는 사실만 들을 뿐 그것이 연주되는 것은 들어본 적이 없다. 오늘날 우리가 주님을 믿고 영접한 뒤에 더 이상 그분을 찾지 않는 것은 우리 시대의 비극이다. 이것이 우리의 현주소다. 내 목표는 사람들이 하나님을 찾고 싶도록 자극하는 것이다. 자신이 가진 것에 안주하지 않고 사랑하는 분을 소

---

* 초기 현악기

리치며 쫓아가도록 돕는 것이다.

나는 여러분이 구약성경의 아가서를 주목하기 바란다. 많은 사람이 아가서를 읽지 않는 까닭은 잘 이해하지 못하기 때문이다. 하지만 내가 말하고 있는 이 위대한 사람들에게 아가서는 큰 기쁨을 선사했다. 다음은 아가서에서 영감을 받아 쓰인 많은 노래들 가운데 하나다.

> 달콤하도다 주의 은혜의 향기
> 그 이름 불릴 때마다
> 온 땅은 천국의 향기로 가득 차도다
> 주의 귀하신 이름, 처녀의 사랑,
> 위로부터 오는 기름 부음
> 오, 이끌려 달려가 당신을 붙잡네

또 다른 노래다.

> 주님은 이스라엘의 목자시며 나의 목자
> 내 마음의 기쁨과 소망
> 더욱 친밀한 사귐을 갈망하며—
> 주님 계신 곳에 머물기 원합니다

오, 가장 행복한 곳을 보여 주소서.

주님의 백성이 거하는 곳

성도들이 황홀하게 바라보는 곳

십자가에 못 박히신 주님이 매달린 곳

바로 그곳이라네, 당신의 양 떼와 함께

오직 거기서만 쉬고 싶네

반석 아래에 눕기도 하고

일어나 주의 품에 숨기 원하네

바로 그곳이라네, 내 언제나 거할 곳

한순간도 떠나지 않으리

주님의 옆구리 틈새에 감추이리

주님의 마음에 영원히 안기리

이 위대한 노래들에서 우리는 그들이 하나님에 대해 어떻게 이야기하는지 들을 수 있다. 내가 참으로 두려워하는 한 가지가 있는데, 그것은 오늘날 우리의 경박한 "오직 믿사오니"의 기독교가 근래의 복음주의를 자유주의로 만들어 버리지 않을까 하는 것이다. 교회는 결코 머리로만 운영되지 않음을 항상 명심하라. 교회는 가슴으로도 운영된다. 오늘날 기독교를 모든 학문, 철학, 과학과 동등하게 취급하려는 노력은 전능하신 하나님의 눈살을 찌푸리게 할 것이다. 하나님은 결국 교회가 자유주의로 향하는 맹목적인 길을 가도록 내버려 두실 것이다. 여러분이 그렇지 않다고 항의하는 동안에도 교회가 그 길로 조금씩 나아가고 있는 것을 볼 것이다. 하나님은 어딘가에 그분의 백성을 두실 것이다. 나는 그들이 어디에 있는지 모르지만 하나님은 한 무리를 백성으로 삼으시고, 그들은 사랑하는 하나님을 더욱더 소리치며 따르는 사람들이 될 것이다.

광대하신 하나님께 가는 길

나는 인간의 노력이 설 자리가 없음을 지적하는 것이 중요하다고 믿는다. 《하나님을 감추는 구름》으로 되돌아가 보면 옛 저자는 "이 일에 조심하고 그대들의 지혜나 상상 속에서 괜한 고통을 자초하지 마십시오"라고 권한다. 그는 하나님을 갈망해야 함을 기억하고 자신의 방법을 좇지 말라고 말한다. 이 모든 일에는 우리가 알 수 없는 신격의 깊고 거룩한 심연, 곧 우리가 하나님이라고 부르는 존재의 고요히 물결치는 바다가 있다. 우리의 생각이나 시각화하는 힘도 그 앞에

선 무력해질 뿐이다. 아무리 골똘히 자신의 방법을 생각한다 해도 전혀 소용없는 일이다. 은혜를 통해 인간의 지식은 풍부해질 수 있지만, 누구도 하나님을 생각만으로 알 수 없다. 물론 하나님에 대한 생각 자체를 전혀 할 수 없다는 뜻은 아니다. 하지만 그분을 중심으로 해서 생각하거나, 그분과 동등하게 생각하거나, 그분의 존재에 합당할 만큼 생각할 수는 없다.

《하나님을 감추는 구름》은 계속해서 말한다. "그분은 사랑받으실 수는 있으나 파악되지는 않을 것입니다. 사랑으로 그분을 얻고 붙잡을 수는 있겠지만, 생각으로는 결코 그럴 수 없습니다." 그러면 우리는 사랑의 감동으로 어떻게 주님을 알 수 있을까? 주님을 갈망하는 사랑의 날카로운 화살로 어떻게 하나님을 감추는 먹구름을 뚫어 흩어 버릴 수 있을까? "오직 그분 자신 외에는 어떤 다른 이유도 없는, 하나님만을 향한 순수하고 단순한 의도를 갖는 것만으로 충분"하다.

또다시 '그분 자신'이라는 말이 등장한다. 나는 이 말이 얼마나 자주 나오는지 주목해 왔다. 내가 속한 단체인 기독교선교연맹이 '그분 자신' 또는 '그리스도 자신'이라는 단어에서 시작되었음을 알고 있는가? 그리고 우리에게 말씀을 주신 것도 그분 자신이었다. 불행히도 오늘날 우리는 그저 하나님의 사역과 신학에 만족하면서 말씀으로부터 멀리 떨어져 나왔다. 그러나 여러분은 그곳에 도달할 것이다. 복음에 대해 생각하는 것은 지성과 관련되기 때문이다. 하나님의 속성 중 하나는 지성이며, 복음에는 지적인 요소가 있음을 기억하라. 그것이 바로 우리가 신학 또는 교리라고 부르는 것이다. 생각은 신학이나 교리와 연관되어 있으며 필요하고 바람직한 것이다. 다만 우리가 필요로 하고 추구하는 것은 지성을 넘어서는 것이다. 머리만으로는 하나님께 도달할 수 없다.

한 찬송가에 따르면, 성령은 말씀에 숨을 불어넣으시고 진리를 드러내신다. 성령이 성경에 숨을 불어넣으시면 성경을 그냥 가르칠 때보다 얼마나 더 멋진가? 성령의 숨결 없이 단순히 하나님의 말씀에 대한 설명만 들으면 그것은 쓸모없지는 않을지라도 해로울 수 있다.

우리는 찬양할 때 성경에 쓰인 것들을 넘어서기도 한다. 성경을 벗어나거나 성경과 엇나간다는 의미가 아니라, 성경에 쓰인 것 이상을 느끼고 깨닫게 된다는 의미다. 물론 성경은 우리가 하나님께 가는 길을 막는 장벽이 아니다. 그러나 그것이 하나님을 대체할 수는 없다. 성경은 목적이 아니라 오직 목적을 향한 수단일 뿐이며, 목적은 하나님이시다. "오직 그분 자신 외에는 어떤 다른 이유도 없는, 하나님만을 향한 순수하고 단순한 의도를 갖는 것만으로 충분"하다.

안타깝게도 오늘날에는 텍스트만 있으면 경험도 따른다

고 여기고, 복음주의자들도 대부분 그 생각을 받아들이고 있다. 정말로 텍스트를 가지면 경험도 할 수 있는가? 형제자매들이여, 그것은 전혀 옳지 않다. 만약 우리에게 텍스트가 있다면 우리는 단지 텍스트를 가졌을 뿐이다. 하지만 경험은 텍스트에서 비롯되어야 한다. 다시 말하면, 텍스트를 가지고 있으면서 경험은 하지 못할 수도 있다.

각 사람에게 개별적으로 역사하시는 하나님

우리는 이런 의문을 가질 수 있다. "나는 사랑받는 사람들의 무리에 속하지 못한 걸까? 나는 예수님 안에 있는 모든 것을 다 소유하지 못한 걸까? 하나님은 내 아버지시며 나는 그분의 상속자가 맞는 걸까?" 그리고 우리는 의지를 품는 것과 그 의지를 실현하는 것은 서로 별개임을 잊어버린 채, 거칠고 외로운 길을 절뚝거리며 간다. 하나님의 뜻을 아는 것과 하나님의 뜻을 이루는 것 또한 별개의 문제다. 내가 여러분에게 하고 싶은 말은 《하나님을 감추는 구름》에서 말하는 것과 같다. "마음에 새길지니, 그대들의 방법을 생각해 내려고 애쓰지 마십시오." 어떤 사람들은 자신의 방법으로 할 수 있는 한 끝까지 싸웠고 자신의 머리로는 더 이상 나아갈 수

없을 지경에 이르렀다. 이럴 땐 차라리 휴식을 취하는 편이
낫다.

형제자매여, 마침내 하나님을 만나게 될 때 여러분의 마
음은 혼자여야 한다. 그래야 진정한 외로움이 있기 때문이
다. 사람들은 혼자 있고 싶어 하지 않는다. 젊은이들은 대부
분 하나님과 단둘이 있고 싶지 않다. 무리 속에 있기를 원한
다. 함께 웃을 수 있는 사람들을 원한다. 짐을 덜어 줄 사람들
을 원한다. 가까이서 지지하고 위로해 줄 친구들을 원한다.
하지만 여러분이 가야 할 곳에 도달하려면, 갈급한 마음이 물
을 찾을 수 있는 곳에 이르려면, 혼자가 되어야 할 것이다. 다
른 사람들과 함께하지 말아야 한다는 뜻은 아니다. 하나님은
무리 전체에게 한꺼번에 역사하시지 않고 오직 각자에게 개
별적으로 행하신다. 오순절에 성령이 내려와 3천 명에게 임
하셨을 때 각 사람 위에 임하셨다고 성경은 말한다. 성령은
그들 모두에게 한꺼번에 임하지 않으셨다. 각 사람에게 임하
셨고 각 사람은 마치 혼자인 것처럼 그 일을 경험했다.

하나님은 우리가 가시적인 도움을 받을 수 없는 곳까지
우리를 떠밀기 원하신다. 그럴 때 우리는 눈에 보이는 어떤
것에도 의지할 수 없다. 여러분은 사슴이 시냇물을 찾듯이
하나님을 찾아야 한다. 혼자서 하나님을 찾아야 한다. 나는
성경 구절을 일러 주고 찬송을 부르며 힘닿는 대로 여러분을

돕고 싶지만, 하나님이 여러분을 만나실 때 여러분은 혼자일 것이다. 우리가 할 일은 언제나 부르짖으며 그분을 쫓아가는 것이다. 오직 순수한 마음으로 하나님을 사랑하고 그분의 인도하심을 구하는 것이다. 나는 오직 하나님 외에는 더 이상 어떤 것도 원하지 않는다.

인간의 생각으로는 품을 수 없는 하나님

이제 우리는 무엇을 해야 할까? 그리스도는 온갖 법적 장애물을 제거하셨다. 그로 인해 나는 기뻐한다. 주님이 모든 법적 장애물을 제거하셨음에도, 나는 내가 천국에 갈 수 없는 법적인 이유가 있다고 믿는다. 내가 천국에 갈 수 없는 정치적인 이유가 있다고 믿는다. 거룩한 하나님은 거룩한 법에 따라 그분의 우주를 다스리신다는 것이 내 믿음이다. 하나님이 그분의 왕국을 거룩한 법에 따라 다스리신다면 나는 그곳에 속할 수 없다. 의도적이든 비의도적이든 그 법의 모든 조항을 어겼기 때문이다. 그러니 내게는 칭의(justification) 즉 의롭다 하심이 필요하다. 구속(redemption)이 필요하다. 나와 하나님이 서로를 가질 수 있도록 합법적으로 허용해 줄 어떤 일이 일어나야 하는데, 이 일이 이미 이루어졌다. 하나님께 감사드리자.

따라서 모든 장애물이 제거되었음을 기억하라. 넓디넓은 세상에서 여러분 자신을 제외하고는 그 무엇도 여러분을 막을 수 없다. 측량할 수 없는 하나님의 부요함이 모두 여러분의 것이다. 그리고 우리가 언제까지나 부르짖는 마음으로 주님을 갈구하고 순순한 사랑으로만 그분을 바라본다면 우리가 그 부요함을 누리지 못할 이유가 하나도 없다.

이미 말했듯이 천국에 들어갈 수 있는 유일한 길은 우리의 믿음이다. 나는 자신의 방법으로 그곳에 들어가려고 애쓰는 사람들에 대해 다루었다. 여러분이 할 수 있는 것은 오직 하나님과 그분이 말씀하신 것을 믿고 사랑하는 일뿐이다. 믿고 사랑하라. 그리고 《하나님을 감추는 구름》은 말한다. "하나님은 인간의 생각으로 품을 수 있는 분이 아니므로 … 사랑받으실 수는 있으나 파악되지는 않을 것입니다. 사랑으로 그분을 얻고 붙잡을 수는 있겠지만 생각으로는 결코 그럴 수 없습니다."

우주를 가득 채우고 광대하고 전능하신 하나님은 결코 여러분이 머리, 지성이라고 부르는 그 작은 것으로 품을 수 없다. 절대로 불가능하다. 여러분은 그저 하나님 발치의 가장 낮은 곳에서 하찮은 생각밖에 할 수 없는 존재임을 하나님은 알고 계신다. 여러분은 결코 하나님의 얼굴에까지 이를 수 없다. 그러나 사랑과 믿음으로는 이를 수 있다. 사랑과 믿음으로 우리는 하나님을 알 수 있다.

내 자신을 비울 때, 그 안으로 들어오시는 하나님

재미있는 사실이지만 하나님 나라는 진공 상태가 아니다. 진공이란 아무것도 없는, 공기조차 없는 텅 빈 공간이다. 자연은 진공 상태를 기피한다고 한다. 그리고 진공은 단단한 껍질로 보호되지 않는 한 공기가 밀려 들어와 공기로 채워진다. 하나님 나라는 진공을 좋아하지 않는다. 여러분이 자신을 비울 때 전능하신 하나님이 밀고 들어오신다. 매우 애석하게도 우리 복음주의자들은 설령 자신의 현재 위치를 자각한다 해도 지금 가진 것에 만족해 버리고 만다. 하지만 만약 여러분이 적극적으로 자신을 비운다면 하나님은 친히 그 진공 속으로 들어오실 것이다.

한 번은 웨슬리 형제들이 이런 글을 썼다. "내 구주의 사랑에 이끌려 하나님을 신속히 좇아갑니다. 땅에서 하늘의 것들로 이끌려 마침내 자신으로부터 벗어납니다." 마침내 나 자신에게서 벗어나는 것, 그것이 많은 사람에게는 고통임을 알고 있는가? 우리는 땅에서 하늘의 것들로 이끌려 마침내 자신으로부터 벗어나 본 적이 없다. 자신에게서 벗어날 수 있다면, 그래서 진공이 생기고 그 진공이 하나님의 복된 임재로 충만해진다면, 얼마나 행복한 일인가?

여러분은 이것이 오직 다음과 같은 방법이 아니고서는 이루어질 수 없음을 알아야 한다. 우선 우리는 하나님의 선하고 위대하심을 알아야 하고, 우리 자신의 무가치함과 온갖 악으로 기우는 본성을 알아야 한다. 또 오직 하나님께 복종할 뿐 아니라 그분을 향한 사랑으로 우리의 모든 의지를 버리고 하나님의 선하신 기쁨에 자신을 온전히 내드려야 한다. 이 모든 것은 오직 하나님의 영광과 기쁨만을 위해 이루어져야 한다. 《하나님을 감추는 구름》은 그 이유를 다음과 같이 밝힌다. "왜냐하면 하나님은 이런 사랑과 섬김을 받기에 합당하시며 그것을 원하시기 때문입니다." 이것이 바로 하나님의 충실한 종들의 마음에 주님 손으로 직접 새기신 하나님의 법이다.

그래서 오래전 스쿠폴리(Scupoli, 1530-1610)라는 위대한 성인은 이것이 하나님의 쉬운 멍에이며 그분의 짐은 가볍다고 말했다. 형제자매여, 여기 놀라운 사실이 있다. 성령은 말씀하실 때마다 모든 이에게 동일한 것을 말씀하신다. 나는 아우구스티누스나 다윗부터 후대에 이르는 많은 성도의 이름을 언급했다. 그들이 쓴 찬송시나 경건서를 읽어 보면 칼

빈주의자나 아르메니안주의자, 성공회와 가톨릭 신자 모두가 같은 결론에 이르렀음을 알게 될 것이다. 성령은 두 말씀을 하지 않으신다. 그분은 한 가지, 그분의 말씀에 귀 기울이는 모든 사람에게 동일한 것을 말씀하신다. 그래서 나는 거의 어디서든 말씀을 인용할 수 있고 그것들은 서로 모순되지 않는다. 같은 성령이 그분의 모든 자녀에게 똑같은 말씀을 하시기 때문이다. 그분은 말씀하신다. 너 자신을 쏟아부어라. 너 자신을 하나님께 내어 드려라. 자신을 비워라. 비어 있는 질그릇을 가져오라. 몇 개만이 아니라 많이 가져오라.

그들이 한결같이 말하는 것은 모두 '오직 하나님의 영광을 위해서'이다. 바울은 고린도전서 1장과 2장에서 정신이나 지성이 아니라 성령을 말함으로써, 하나님 그분을 높인다. "사람의 일을 사람의 속에 있는 영 외에 누가 알리요 이와 같이 하나님의 일도 하나님의 영 외에는 아무도 알지 못하느니라"(고전 2:11). 여러분은 야곱의 사다리를 탄다고 해도 하나님의 나라로 올라가지는 못한다. 여러분의 방법이 아니라 오직 사랑과 믿음으로만 하나님 나라에 들어갈 수 있고, 어린아이처럼 겸손해야 한다. 그런 다음 여러분을 구속하신 주님의 사랑에 이끌려 갈 때, 자신을 모두 쏟아내고 마침내 자신으로부터 자유로워진다.

나의 가장 큰 문제는 내 자신

여러분의 유일한 문제는 바로 여러분 자신이다. 여러분은 "만약 내게 더 좋은 목사님이 있다면 나는 더 나은 기독교인이 될 거예요"라고 말한다. 나도 그러기를 바라지만 여러분도 알다시피 그럴 수 없을 것이다. 더 좋은 목사를 만날수록, 더 좋은 설교자가 있을수록, 여러분은 더 많은 위험에 처할 것이다. 왜냐하면 마치 영적 기생충처럼 그들에게 영적으로 더 의존하기 쉬워질 것이기 때문이다. 영적인 사람은 설교를 잘하지 못하는 목회자의 교회에 있는 경우가 많다. 그들이 영적 깊이를 지닌 이유는 강단에서 도움을 받을 수 없어 스스로 하나님을 찾았기 때문이다. 물론 나는 성도들에게 성직자들이 필요하다고 믿는다. 그리고 나처럼 하나님의 음성을 확실히 듣고 나처럼 말씀을 전할 권리를 가진 사람들이 있음을 믿는다.

그러니 형제자매여, 여러분의 문제는 바로 여러분 자신이다. 여러분이 자신에게서 구출된다면, 그리하여 마침내 자신에게서 벗어난다면 어떤 소동이 벌어질까? 여러분이 자아의 진흙탕에 너무 깊이 갇혀 있다면 하나님이 여러분을 끌어내실 때 꽤 멀리까지 들릴 만큼 큰 소리가 날 것이다. 《하나님을 감추는 구름》이 말한 구절을 이렇게 의역해 볼 수 있다.

"하나님은 사랑받으실 수 있으며 그 사랑에 의해 이해되고 붙잡히실 수 있는 존재시다. 하지만 우리의 생각에 의해서는 결코 그렇게 되시지 않는다."

그러니 주의해야 한다. 지혜나 상상력을 이용해서 더 깊은 영적 삶으로 들어가려고 하지 말라. 그런 일은 시도조차 하지 말고 오직 하나님만 바라보라. 자신의 마음속에서 하나님을 찾으라. 제단이나 기도실에 가서 기도한다고 해서 잘못된 것은 아니다. 나는 군중에게서, 모두에게서 단절돼 홀로 하나님께 나올 수 있는 영혼의 고독함에 대해 말하고 있다.

무리가 예수님을 사방으로 밀쳐서 예수님이 무리 가운데서 옴짝달싹하지 못하던 때조차 한 여인이 홀로 예수님을 향해 자신을 밀어붙였던 것처럼 말이다. 한 여인이 무리를 밀치고 나가 예수님의 옷자락을 만진 뒤 병 고침을 받았다. 예수님은 몸을 돌이켜 "누가 내 옷에 손을 대었느냐?"라고 물으셨다. 그분은 이렇게 말씀하실 수도 있었을 것이다. 누가 믿음으로 내 옷에 손을 대었느냐? 누가 사랑으로 내 옷에 손을 대었느냐? 그날 무리 속의 사람들은 그저 떠밀리고만 있었다. 우리는 그저 주님을 거칠게 밀치기만 하는 모임을 가질 수도 있다. 그것이 전부다. 그저 주님을 밀치기만 할 뿐이다.

어딘가로부터 어떤 어린 영혼이 사람들을 밀치고 나아가 그분을 만질 것이다. 사랑과 믿음으로 그분을 만지고 마음이 치유될 것이다. 우리 중 많은 이에게 무엇이 필요한지 아는가? 마음이 치유되어야 한다. 우리의 마음에 연고를 발라야 한다. 길르앗에는 향유가 있지 아니한가? 물론이다. 길르앗에는 죄로 병든 영혼을 치유하는 향유가 있다. 내가 이것 외에 달리 무엇을 말할 수 있을지 모르겠다. "너의 사랑하는 자가 백합을 모으고 있구나. 그분이 격자창으로 손을 내밀어 말하는구나. 일어나 함께 가자. 비가 그치고 새들의 노랫소리가 땅에 들리는 곳으로."

형제자매여, 그분은 우리에게 아주 가까이 계시며 그곳 외에는 결코 어디에도 계시지 않을 것이다. 그분은 상심하고 슬퍼하신다. 하지만 아주 가까이 계시며 기다리신다. 여러분의 마음속에 진공이 생기기를 기다리신다. 여러분은 "내 마음속에 무엇이 있지?"라고 묻는다. 글쎄, 나는 모르지만 그것이 무엇이든 내놓아야 한다. 여러분이 마음을 비울 때, 그분이 들어오신다. 지금 당장 그렇게 하겠는가? 홀로 하겠는가? 다른 누구에게도 기대지 말라. 아무도 믿지 말라. 오직 혼자서 나아오라.

8장

하나님의
흠을 찾으려는
완악함

이전 장들을 읽고 여러분은 내가 이 책에서 주장하는 바가 정확히 무엇인지 의문을 품었을지도 모르겠다. 내 관심사를 한마디로 요약하자면, 오직 그리스도 외에는 아무것도 전하지 않겠다는 것이다. 그리스도와 관련되지 않은 영적 가르침은 모두 거짓이다. 오늘날 내가 가장 마음에 새기는 바는 우리의 모든 교리는 성경에 토대를 두며 우리의 영적 분위기는 전적으로 사도적이어야 한다는 것이다. 또한 그것들은 역사적 교회의 가장 좋은 것, 경건 문학의 가장 좋은 것, 찬송가의 가장 좋은 것, 성도들의 전기(biography)에 있는 가장 좋은 것과 조화를 이루어야 한다.

기독교 교리는 성경에 토대를 두어야 한다

과거 원문주의(textualism)가 복음주의 교회를 사로잡았다. 내가 말하는 복음주의 교회는 사람들이 그리스도를 구세주로 믿고 받아들이는 복음 중심적 교회를 말하는 것이다. 이 교회를 예수님 시대의 서기관과 율법 학자들처럼 종교 지도자들이 장악하고 학교와 성경 연구회 및 교회 안에 위계질서를 세웠다. 말씀을 엄격히 준수하기 위한 규칙을 세웠다.

문제는 과거와 마찬가지로 지금도 여전히 이 원문주의 학파가 오직 축자영감설에만 기대고 있다는 점이다. 축자영감설은 사후강직이 시작되면서 종교적 상상력을 점점 위축시키고 말았다. 이것은 신앙적 간절함과 열망을 질식시키고 짓밟았다. 하나님 자녀들의 갈망과 열망은 닭장 속 암탉의 날개처럼 잘려 나갔다. 그 결과 신약성경의 언어는 유지되었지만 신약성경의 성령은 탄식했다.

어떻게 이런 일이 일어났는지 의아할 것이다. 이것은 두 가지 방향으로 일어난 종교 지도자들의 반란이 가져온 결과다. 수많은 종교 지도자들은 자신들이 반란을 일으켰다는 사실도 자각하지 못했다. 그들은 자신들이 산소가 없는 어항 속의 물고기처럼 숨을 헐떡이고 있다는 사실을 몰랐다. 대중들은 극장에서 밤을 새울 정도로 종교적 오락에 탐닉하게 되었다. 그와는 대조적으로 반대편에는 더 지성적인 근본주의자들과 복음주의자들이 반기를 들고 복음적 합리주의로 나아갔다. 어떤 경우에는 이미 자유주의와 화해를 하느라 분주하다.

이것이 바로 내가 더 깊은 영적 삶에 대해 가르칠 때 사람들이 낯설게 느끼는 이유다. 내 사역을 옹호하는 말이 누군가에게는 이상하게 들린다는 것을 안다. 왜냐하면 한쪽에는 예수님을 영접했으니 이제 나가서 즐기자고 당당히 말하는 무리들이 있으며, 다른 한쪽에는 자유주의와의 경계에 위험할 정도로 다가가는 진지하고 경건한 사람들이 있기 때문이다. 너무나 자주 신약성경의 메시지와 그것의 목적과 방법이 활성화되지 못한 채 방치되고 있다. 우리는 이름뿐인 예수님의 주권을 허울 좋게 내세워 우리 자신의 메시지와 목적을 소개하고 그 목적을 이루기 위한 자신의 방법들을 고안해 왔다. 이는 전혀 성경적이지 않다.

우리 안에 임한 하나님 나라를 경험하라

하나님을 동경하고 기도하며 갈망하는 것이 이단이라고 생각하는가? 이런 일들이 마음을 과격하게 만드는가? 내가 말했던 《하나님을 감추는 구름》에 있는 위대한 기도를 기억할 것이다. "주님께 간청하오니, 제 마음의 의도를 당신의 이루 말할 수 없는 은혜의 선물로 깨끗하게 하셔서, 제가 주님을 온전히 사랑하며 합당한 찬양을 드리게 하소서." 우리는 하나님을 온전히 사랑하고 합당하게 찬양하기를 갈망해야 하며 그것을 드러내어 말할 때는 그 말 이상의 의미를 담아야 한다. 여러분에게 모든 것을 희생하라고 말하는 사람은 이단이 되어야 하는가? 그것을 이유로 그를 감옥에 집어넣어야 할까? 우리의 찬송가와, 바울까지 거슬러 올라가는 경건서와, 성도들의 전기에 비추어 볼 때, 그런 주장이 배척을 받는 것이 합당한가? 아니다. 그렇게 생각하지 않는다.

《필로칼리아》에서 니케포루스(Nicephorus)는 기독교인들이 하나님을 알고《하나님을 감추는 구름》이 하나님과 '하나' 되는 것이라고 말했던 일을 행하기 위해 앞으로 나아가도록 독려하는 글을 썼다. 나는 성경을 믿는 기독교인 모두가 이에 동의할 수 있는지 스스로에게 질문을 던져 보길 바란다. 니케포루스는 그리스의 기독교인이다. 즉 그는 그리스 정교회에 속해 있었다. 개신교도나 로마 가톨릭교도가 아니었다. 그렇지만 성자로 인정받았다. 그는 사람들이 하나님과 동행하도록 도울 작은 책을 썼는데, 여기서 "우리 구세주 예수 그리스도의 경이롭고 거룩한 빛을 붙잡으려는 그대들, 마음으로 거룩한 불길을 느끼고자 구하는 그대들"이라는 말을 했다. 그는 16세기에 이 고전적인 책을 저술한 학자이자 성인이었으며, 또 그렇게 인정받았다. 그의 화법은 매우 대담하다. "그대들의 마음으로 거룩한 불길을 느끼고 하나님과 화해하는 기쁨을 얻기 위해 힘쓰는 자들이여, 그대들의 마음 밭에 묻힌 보물을 캐내어 그 소유권을 얻기 위해 세상의 모든 것을 포기한 자들이여, 자기 영혼의 촛불이 현재에도 밝게 타오르기를 원하는 자들이여."

우리는 너무 세대주의적이 되어 모든 것을 미래로 미루어 왔다. 하지만 니케포루스는 "자기 영혼의 촛불이 현재에도 밝게 타오르기를 원하는 자들이여"라고 말한다. 사도 바울은 이들이 현세에서 이 목적을 위해 세상을 모두 포기한 자들, 자신 속에 임한 하나님 나라를 의식적으로 경험함으로써 알고 받아들이려는 자들이라고 말했다. 바울은 그리스도가 모든 신자들의 마음속에 거하신다고 말했다. "예수 그리스도께서 너희 안에 계신 줄을 너희가 스스로 알지 못하느냐 그렇지 않으면 너희는 버림받은 자니라"(고후 13:5). "누구든지 그리스도의 영이 없으면 그리스도의 사람이 아니라"(롬 8:9). 우리는 잠재적으로 마음속에 부요함을 지니고 있지만 그것을 인식하거나 드러내 말하도록 장려받지 못한다. 우리는 짓눌려 숨 쉴 수 없을 지경이며 날개는 잘리고 갈망은 차갑게 식어 버렸다. 그래서 내가 하는 말이 낯설고 이상하게 들리는 것이다. 사람들은 이 새로운 교리가 무엇이냐고 묻는다. 그러나 전혀 새로운 교리가 아니다.

하나님과 우리 사이에 있는 은폐하는 구름

이제 내가 은폐의 구름이라고 부르는 것을 주목하라. 그리스도는 우리를 위해 완전한 속죄를 이루셨다. 이 사실로부터 시작하자. 그리스도가 죄를 대속하셨으니 얼마나 놀라운 구세주이신가. 이것을 신학자보다 더 잘 설명할 수 있는 사람이 있다. 바로 줄리안 부인(Lady Julian)인데, 다음은 그녀가 한 말이다. "우리 주님께서 인간의 죗값을 값비싸게 치르고 충족시키심으로 우리가 받아야 마땅한 비난은 끝없는 영광으로 바뀌었다." 이보다 더 달콤한 표현이 있을까? 바울은 이것을 조금 다르게 표현한다. "죄가 더한 곳에 은혜가 더욱 넘쳤나니"(롬 5:20). 은혜가 더욱 넘쳐서 우리가 받을 모든 비난이 끝없는 영광으로 바뀌었다.

하나님의 얼굴이 우리를 향하고 있다. 이 사실을 깊이 생각하라. 마귀가 여러분을 속이지 못하게 하라. 의심이 여러분을 공격하도록 내버려 두지 말라. 나와 다른 사람들이 말하는 어떤 것도 하나님의 얼굴이 여러분을 향하고 있다는 그 영광스러운 지식을 왜곡하지 못하게 하라. 하나님의 미소 띤 얼굴이 항상 그리스도인인 여러분을 향하고 있다. 그렇다면 어째서 우리는 그것을 누리지 못하는 걸까? 왜 그리스도인들은 구세주인 예수 그리스도의 놀랍고 거룩한 빛을 포착하지 못하는 걸까? 왜 우리 마음으로 그 거룩한 불길을 느끼지 못하는 걸까? 왜 그것을 느끼고 경험하기 위해 애쓰지 않는 걸까? 더 나아가서, 왜 하나님에 대한 지식을 가질 뿐만 아니라 하나님과 화해한 감정을 느끼고 경험하려고 하지 않는 걸까? 왜 하나님을 소유하지 않을까?

나는 이런 것들이 자주 개인의 입장과 관점이라는 말로 도외시됨을 안다. 하지만 그러다 보면 우리의 마음은 드라이 아이스처럼 차가워질 수 있다. 왜 우리 영혼의 촛불은 현재에도 더욱 밝게 타오르지 않는 걸까? 왜 우리는 우리 안에 임한 하나님 나라를 의식적으로 경험하고 받아들이지 않는 걸까? 바로 우리와 하나님의 미소 띤 얼굴 사이에 은폐의 구름이 있기 때문이다.

잠시 나와 함께 생각해 보자. 태양이 세상을 비추지 않는 날은 있을 수 없다. 태양은 날마다 빛나고 있으며, 하나님이 태양에 낮을 주관하라고 말씀하신 그 순간부터 태양이 비추지 않았던 날은 단 하루도 없었다.

우리는 모두 어두운 날, 안개 낀 날, 흐린 날이 있음을, 불을 켜야 할 만큼 어두운 날들이 있음을 인식해야 한다. 나는 그런 날들을 겪어 보았다. 이렇게 간간이 찾아오는 어두운 날이 있음에도 불구하고 태양 자체는 여전히 6월의 가장 밝고 맑은 날처럼 빛나고 있다. 그렇다면 왜 태양이 지구를 비추지 못할까? 그 사이에 구름이 있기 때문이다. 비록 태양은 숨겨져 있지만 건재하다. 저 위에서 언제나처럼 밝게 빛나며 뜨겁게 타오르고 찬란하다. 하지만 그 빛이 지구에 닿지 않는 이유는 은폐하는 구름이 가리고 있기 때문이다.

교만과 자기 의지와 야망의 구름

은폐하는 구름이란 무엇일까? 여기서 그리스도인에게 영적으로 적용될 수 있는 것은 무엇이며 진정한 문제는 무엇일까? 문제는 은폐하는 구름이며, 그리스도인인 우리 자신을 뒤덮도록 우리가 방치한 구름이다. 주님의 속죄 사역으로 모든 것이 다 이루어져서 더 이상 할 일이 없음을 생각한다면, 도대체 이 구름은 무엇이란 말인가? 여러분을 위해 이제 예수님은 피 한 방울도 다시 흘릴 필요가 없다. 거룩한 마음은 창으로 찔릴 이유가 없다. 눈물 한 방울, 신음 한마디, 땀 한 방울도 필요 없다. 고통의 순간도 필요 없다. 죽음은 더 이상 그분을 지배하지 못한다. 다 이루었다! 끝났다! 영원히 종결되었다! 하나님의 얼굴이 우리를 밝게 비춘다. 그런데 그리스도인들을 뒤덮은 이 구름은 무엇인가? "그것은 그대들과 하나님 사이에 있는 은폐의 구름입니다"라고《하나님을 감추는 구름》은 말한다. 그 구름이 무엇일까? 그것은 한 가지일 수도 있고 여러 가지일 수도 있다.

예를 들어, 교만의 구름이 있다. 여러분은 하나님 자녀이고 천국이 여러분의 집이지만, 평생 동안 구주 예수 그리스도의 놀랍고 거룩한 빛 없이 살아갈 수도 있다. 마음으로 거룩한 불길을 느끼거나 하나님과 화해한 감정을 경험하지 못할 수도 있다. 여러분은 영혼의 촛불이 밝게 타오르지 못한 채 살고 있다. 교만의 구름이 여러분 머리 위에 드리워지도록 허용했기 때문이다. 마귀는 하나님이 여러분을 미워한다고, 하나님이 여러분에게 등을 돌리셨다고 속삭일 것이다. 거짓말이다.

예수님이 십자가에서 죽으신 이후로, 다 이루었다고 말씀하신 이후로, 하나님은 그분의 자녀나 뉘우치는 죄인에게 결코 등을 돌린 적이 없으시다. 하나님의 얼굴은 항상 우리를 향하고 있다. 그러나 우리는 교만과 완고함의 구름을 허용한다. 그냥 고집불통인 사람들이 있다. 그들은 굽히지 않는다. 법과 죽음을 제외하고는 사람이나 하나님이나 그 누구에게도 결코 굴복하지 않는다. 이것은 하나님께서 이스라엘에게 "네 목은 쇠의 힘줄이며 네 이마는 놋이라"(사 48:4)라고 꾸짖으셨던 부류의 완악함의 구름이다. 하나님도 이스라엘을 굴복시킬 수 없으셨다.

다음으로 자기 의지의 구름이 있다. 자기 의지는 매우 종교적인 것이다. 여러분이 교회에 합류할 때 그 의지는 종교적으로 변하여 회심하고, 곧장 여러분과 더불어 교회에 들어가며, 여러분이 기도할 때 함께 기도실로 들어가지만, 그래도 어쨌든 자기 의지다. 자기 의지는 자기 뜻대로 될 때만 선량하고, 십자가를 져야 할 때는 사나워지고 투덜댄다. 생각해 보라. 하나님께 대한 여러분의 항복은 충분한가?

또 야망의 구름이 있다. 신앙에도 야망이 있다는 것을 알고 있는가? 신앙적 야망을 가진 사람들은 하나님의 뜻에 어긋난 무엇 때문에, 또는 자기 팽창 욕구 때문에 눈이 멀어 하나님과 자신 사이를 구름이 가로막게 만든다. 존 녹스(John Knox, 1510-1572, 스코틀랜드의 종교 개혁가)의 번역본에는 이런 재미있는 표현이 하나 있다. 몹시 사실적일 뿐 아니라 인간의 마음을 기막히게 그려 주고 있어서 나를 즐겁게 한다. "자신의 어리석음에 걸려 넘어진 사람은 하나님에게서도 흠을 찾으며 속을 부글부글 끓인다." 여러분은 이렇게 자신의 어리석음에 걸려 실족한 그리스도인을 보게 될 것이다. 그들은 하나님에게서도 흠을 찾고, 하나님께서 옳다고 하시는 것들에 대해서도 논쟁을 벌이려 한다.

또 다른 은폐의 구름은 내가 나를 위해 주장하는 모든 것 안에 있다. 이것은 내가 오랫동안 설교해 온 주제인데, 일부 기독교인들은 아마 이해하기 어려울 것이다. 바로 우리는 모든 것을 포기해야 한다는 뜻이다. 예를 들어, 나는 목회자 직책도 내놓을 수 있어야 한다. 언제든지 그것을 포기하고, 내가 하는 어떤 설교, 내가 맡은 어떤 직책도 손에서 놓을 준비를 하고 있어야 한다. 나는 감히 어떤 것도 고수하려 들지 않는다. 나는 얼라이언스위클리(Alliance Weekly) 편집자직이나 교계에서의 직책도 언제든 그만두어야 한다. 그것들을 소유하면 내 머리 위로 구름이 덮이고 그것은 먹구름으로 변해 아무것도 뚫고 지나가지 못할 것이다.

기도의 한계, 기도의 은혜

사람들은 기도로 이 먹구름을 뚫고 나가려고 애쓰지만 그것은 기도로 뚫리지 않는다. 무엇도 그것을 뚫을 수 없다. 금식으로 뚫어 보려는 사람이 있다. 오직 고집으로 며칠 동안 금식하며 버티기도 한다. 역사는 우리에게 순전히 고집만으로 정치적인 목적을 위해 단식하다가 심지어 목숨까지 잃은 사람들을 보여 준다. 자신의 의지를 관철하기 위해 금식하려는 사람들은 그것이 부질없음을 알게 될 것이다. 형제자매여, 여러분의 힘으로는 할 수 없다.

여러분의 삶 속에 숨겨진 구름은 여러분이 자신의 것이라 여기는 모든 것이 될 수도 있다. 여러분은 그것을 포기하지 않을 것이다. 포기한다고 생각하지만 포기하지 못한다. 여러분의 생각을 가리는 가리개가 위에 있을 것이고, 그래서 태양이 있다 해도 그리 밝지는 못할 것이다. 구름이 있을 것이고 여러분은 기도로 그것을 통과할 수 없다. 충분히 오랫동안 기도하면 해결되리라는 생각은 허사다.

하나님께서 어떤 사람들에게 꿇은 무릎을 일으키라 하시고 기도를 그만하게 하셨음을 아는가? 주님께서 기도를 중단시킨 두 번의 예가 있다. 알고 있는가? 주님은 다 소용없다고 말씀하셨다. 사무엘은 기도하고 기도했다. 하나님이 오셔서 그의 입에 손을 대고 말씀하셨다. "사무엘아, 사울을 위해 더 이상 기도하지 마라. 그는 쓰임이 끝났어." 사울을 위해 기도하지 말라고 하나님은 사무엘의 입을 다물게 하셨다.

여호수아가 얼굴을 땅에 대고 기도했던 또 다른 예가 있다. 우리는 그의 기도에 대한 소책자를 쓰고 "이 얼마나 대단한 믿음의 사람인가!"라며 존경을 보낼 수도 있었을 것이다. 그러나 하나님은 말씀하셨다. "어찌하여 이렇게 엎드렸느냐? 나는 엎드려 있는 사람을 칭찬하지 않는다. 어서 일어나서 네 백성의 문제를 해결하라. 그러면 내가 너희를 축복하고, 그 신음과 몸부림으로부터 구원할 것이다."

그러니 명심하라. 충분히 오랫동안 기도하면 모든 것이 해결되리라는 이 현대적 생각, 무슨 문제든 우리가 붙들고 매달려서, 하나님과 우리 사이를 가리는 구름이 사라지도록 기도하면 된다는 생각은 허사다. 그럴 수 없다. 하지만 이 책을 쓴 우리의 친애하는 옛 저자는 먼저 모든 것을 내려놓고, 그런 다음 오랜 기도의 시간을 거쳐야 하나님이 기도에 응답해 주실 것이라고 이해하고 있다. 기도는 영혼의 간절한 소망이자 성도의 숨결이다. 또한 어떤 면에서는 내가 믿고 생각하며 실천하는 모든 것이다.

하나님의 얼굴을 가리는 또 다른 구름들

두려움은 또 다른 은폐의 구름이다. 두려움은 언제나 불신에서 나온다. 여러분이 무엇을 두려워하든, 그것이 암이든 자녀가 병에 걸릴 가능성이든 직장을 잃을 가능성이든, 그 두려움은 불신앙이 낳은 자식이다. 여러분 머리 위를 에워싼 두려움은 캄캄한 구름이며 여러분에게서 하나님의 미소 띤 얼굴을 숨긴다. 기억하라. 두려움이 하나님의 얼굴을 돌리게 하지는 못한다. 왜냐하면 주님이 흘리신 속죄의 피로 하나님은 언제까지라도 그 얼굴을 그분의 백성과 회개하는 죄인들에게 향하실 것이기 때문이다.

다음은 자기애의 구름이다. 그리스도께 자신을 내드리고 그분을 믿고 회심한 그리스도인조차도 단지 자신을 사랑함으로써 은폐의 구름이 자신 위에 드리워지게 하고 있다. 누군가 그 자기애로부터 빠져나왔다면 그것은 우연히 일어난 일에 가깝다. 자신을 사랑하지 않는다면 오히려 비정상적일 정도로 대부분의 사람들이 자신을 사랑한다는 말이다.

자기애와 밀접한 것이 자기 축하와 자기 찬양이다. 이것들은 죄악이며 이 죄악들은 앞으로도 없어지지 않을 것이다. 이상하게도 이러한 죄악에 대해 오늘날의 종교 전문가들은 오히려 그것이 우리에게 필요하다고 주장하고 있다. 그래서 우리는 그것에 대해 아무런 조치도 취할 수 없다. 그러나 우리는 마음속으로 지금도 우리 영혼의 촛불이 밝게 불타오를 수 있을 것이라고 소리친다. 주 예수 그리스도의 거룩한 빛을 알 수 있을지도 모른다고 소리친다. 주를 향한 이러한 열망은 시편의 다윗으로까지 거슬러 올라가, 예수 그리스도와 함께하는 따뜻하고 인격적이고 현재적이며 지속적인 교제 속으로 들어갈 수 있기를 바라는 갈망으로 표현된다. 이러한 교제를 통해 우리는 영적으로 고양되며 마음에는 밝은 빛이 비칠 것이다. 우리가 자신을 축하하고 찬양하는 자기 사랑을 멈출 때, 그런 은혜를 경험할 것이다.

우리의 구름 목록에 돈을 추가해도 될까? 옛 성도가 말했 듯, 오늘날 "여러분과 여러분의 하나님 사이"에는 돈이 들어 와 있다. 여러분은 10달러짜리 동전 두 개로 눈앞의 아름다 운 풍경을 가릴 수 있다. 그레이트 스모키 마운틴 정상에 오 른 뒤, 초록으로 굽이치는 눈부시게 아름다운 풍경 앞에서 동 전을 눈앞에 대기만 하면 된다. 그것이 전부다. 산들은 여전 히 햇볕에 미소 짓고 있지만 여러분은 보지 못한다. 두 눈을 동전이 가리고 있기 때문이다. 많은 돈이 들지 않는다. 단돈 10달러만 있어도 그것이 여러분과 하나님 사이에 끼어들면 구름처럼 여러분에게서 하나님을 가리게 된다.

주님은 우리에게 사람을 두려워해서는 안 된다고 말씀하 신다. 하지만 어떤 그리스도인들은 사회에 잘 녹아들기를 원 한다. 사회학자들은 우리가 그래야 한다고 말한다. 우리는 사회에 적응해야 한다. 학교는 역사, 작문, 읽기, 연산 등을 잘 가르치기보다, 아이들이 튀지 않고 다른 이들과 잘 지낼 수 있는 법을 가르치고 있다. 형제자매여, 만약 사회에 순응 하는 것이 여러분의 목표라면 여러분 마음은 구름으로 덮여 있는 것이다.

또 다른 은폐의 구름은 친구들이다. 우리의 직책도 은폐 의 구름이 될 수 있다. 우리가 사랑하는 사람들도 하나님을 바 라보는 우리의 시야를 가릴 수 있다. 이것은 아마 가장 부드럽고도 단단한 구름일 것이다. 하지만 모두 사라져야 한다.

은폐의 구름을 망각의 구름으로 만들라

그렇다면 여러분은 물을 것이다. "이 구름이 내 머리 위를 에워싼 은폐의 구름이 되었다면 어쩌죠? 하나님 아버지는 나를 향해 미소 지으시는데 나는 그분의 얼굴을 뵐 수 없어요. 어떻게 해야 할까요?" 글쎄다. 《하나님을 감추는 구름》에서 옛 형제는 한 가지 개념을 제안하는데, 나는 그것을 여러분에게 아름다운 그림 한 장면으로 보여 주고 싶다. 그는 그것을 망각의 구름이라고 부른다. 그는 말했다. "그대들 위에 있는 이 구름을 그대들의 발아래에 두어 망각의 구름이 되게 하십시오." 바울도 같은 말을 했다. "뒤에 있는 것은 잊어버리고 앞에 있는 것을 잡으려고"(빌 3:13).

알겠는가? 바울의 뒤에 있던 것들은 구름과도 같았다. 만약 그것들이 그의 앞에 있었다면 그로부터 하나님을 차단했을 것이다. 바울은 그것들을 잊어버리기로 했다. 자신의 실수, 실책, 오류, 잘못, 완전한 실패의 시간들, 주님께 자신의 교만을 책망받았던 시간, 이 모든 것을 잊어버리고 망각의 구름이 되도록 발아래 두었다. 《하나님을 감추는 구름》은 여러분이 그것들을 발아래 두고 여러분과 하나님 사이에 끼어들게 해선 안 된다고 말한다. "망각의 구름을 발아래, 하나님이 지으신 모든 피조물과 그대 사이에 두십시오." 우리는 망각의 구름을 우리의 발아래 두어야 한다.

이것이 그리스도인이 할 일이다. 여러분의 발아래에 망각의 구름을 두어라. 이 모든 것은 그동안 은폐의 구름이었다. 이제 이것은 망각의 구름이 된다. 그러는 동안에도 하나님의 얼굴은 여전히 미소 짓고 있으며 내가 말했던 어떤 구름도, 마귀가 일으킬 어떤 구름도 하나님을 막지 못할 것이다. 마귀가 폭풍을 일으켜서 여러분과 하나님의 얼굴 사이로 구름을 밀어넣을 수도 있다. 하지만 기억하라. 그 위에 계신 하나님은 상황이 바뀌기를 기다리신다. 여러분이 그 폭풍 위로 올라오기를 기대하고 계신다.

영혼의 불이 밝게 타오르게 하라

몇 년 전 뉴욕의 라과디아 공항에서 비행기를 탔던 일이 기억난다. 오후 3시쯤이었다. 미소 띤 얼굴의 친절한 조종사가 나와서 잠깐 비행 안내를 했다. 그날은 많은 비가 내리고 있었기 때문에 조종사는 나 같은 노인이 비행에 대해 걱정할 것을 알았다. 그는 우리가 곧 출발할 것이며 15분 정도만 기다리면 해가 비치는 곳으로 올라갈 것이라고 말했다. 또 일기 예보에 따르면 뉴욕부터 시카고까지 하늘이 아주 맑다고 했다. 우리는 비행기에 올라 짙은 연무를 뚫고 나아가 15분 만에 구름을 발아래 둘 수 있었다. 비행기가 위로 오를수록 발아래 구름조차 하얗게 변해 갔다.

비행을 많이 해 본 사람이라면 아마 같은 경험을 했을 것이다. 거대하게 부풀어 오른 휘핑크림 같은 구름이 발아래로 뭉게뭉게 펼쳐지는 것을 보았을 것이다. 아래에서 그것을 올려다보면 안개가 자욱한 것처럼 보이고 우울하며 칙칙해 보인다. 하지만 몇 분만 지나면 그것을 발아래 둘 수 있다. 짙은 안개와 빗속에서 이륙했지만 햇살 속에서 1,500킬로미터를 날아 집으로 돌아온다면 얼마나 멋진 일인가?

이것이 바로 내가 말하려는 바다. 여러분은 이 구름을 발아래 둘 것이다. 의도적으로 발아래 두려고 해야만 한다. 그저 앉아서 구경만 하면 안 된다. 이를 위해 그 이상의 무엇인가를 해야 한다. 스스로 노력해야 한다. 세상에는 온갖 핑계를 대는 사람들이 있다. 그들은 곧바로 올라가지 않는다. 태양이 구름 위에서 밝게 빛나고 있지만 이곳 안개 속에 머무르려 한다. 사실 태양이 빛나고 있을 때조차 그들은 그렇지 않다고 생각한다. 형제자매여, 모든 것을 다 발아래 내려놓으라.

이 구름은 무엇인가? 돈, 친구, 지위, 사랑하는 사람, 두려움, 내가 주장하는 모든 것, 내 것이라고 부르는 모든 것, 야망, 자부심, 고집, 자기 의지, 그리고 성령이 우리 삶에서 잘못되었다고 지적할지 모르는 모든 것이다. 그것이 무엇인지는 여러분만 알 수 있다. 하나님은 질투할 만큼 사랑하시며 어떤 경쟁자도 용납하지 않으신다. 그 경쟁 상대가 무엇이든 다 여러분과 하나님 사이의 구름이 된다. 나는 여러분이 하나님과 연합되지 않았다고 말하지 않는다. 여러분이 의롭다 함을 받지 않았다고 말하지 않는다. 내가 말하려는 것은 하나님의 이 놀랍고 거룩한 빛과 그분을 완벽하게 사랑하고 합당하게 찬양할 우리의 능력이 여러 세대 동안 억눌리고 타격을 입어 왔다는 것이다. 그 이유는 우리가 그 어둠의 구름을 발아래 두지 않기 때문이다. 그 구름이 우리와 하나님 사이에 떠 있도록 내버려 두기 때문이다.

믿음의 형제자매여, 여러분이 그 구름을 발아래 두면 여러분을 괴롭히고 수치스럽게 만들었던 모든 것, 지금 여러분을 염려하게 만들고 슬프게 하는 모든 것을 그 구름이 뒤덮어서 숨겨 버릴 것이다. 그 모든 것은 저 아래 있으며 모두 흩어져 사라졌고, 이제 우리 위에는 맑은 하늘만 있을 뿐이다. 여러분이 구름을 발아래 두었다면, "하나님께서 하실 것이니 오직 하나님을 바라보고 하나님이 하시는 대로 내버려 두라."

A. B. 심슨이 작곡한 찬송이 하나 있는데, 몇 가지 이유로 이제 사람들은 이 찬송을 부르지 않는다. 곡조가 좋지 않은 이유도 있지만, 이 찬송이 소수의 사람들만 경험한 것을 묘사하기 때문이다. 이 찬송을 들어 보자.

> 그 거룩한 사랑의 손 잡고
> 은혜로운 약속을 내 것이라 외치리
> 그리고 이 영원한 서약을
> 나는 받아들이고 주님은 보증하시네
>
> 축복의 주님, 당신을 받아들이고
> 내 몸과 마음 내어 드립니다
> 그리고 주님은 주의 말씀대로
> 나를 위해 보증하십니다

그리스도는 다시 죽으실 필요가 없다. 어떤 십자가도 다시 세울 필요가 없다. 예수님의 속죄에 추가적인 가치를 더할 필요가 없다.

하나님의 얼굴은 그분의 백성에게 미소 짓지만 구름, 곧 여러분의 구름과 나의 구름은 하나님을 숨긴다. 죄인들이나 그렇다고 여러분은 말할 것이다. 타락한 자들이나 그렇고, 선한 복음을 받은 사람들은 그럴 수 없다고 말할 것이다. 그러나 이것은 수많은 하나님 백성에게도 사실이다. 왜냐하면 그 구름이 그들 위에 계속 있었고 그들은 그 구름을 뚫고 올라갈 수 없다고 배웠기 때문에, 그들은 두근대는 심장 박동을 조금이나마 느끼려고 극장으로 발걸음을 재촉한다. 따스함을 조금이나마 맛보려고, 컨트리풍 발라드 가스펠을 듣고 연극을 보면서 감동에 젖어 보려고, 쉼을 얻으려고 서두른다. 나는 그들을 비난하지 않는다. 그들은 속았고 종교 지도자들은 예수님 시대의 율법학자처럼 사람들을 그릇 인도했다. 이 땅에 계셨을 때 예수님은 밝은 눈과 예리한 시선으로 사람들 사이를 다니셨다. 그리고 사람들에게 말씀하셨다. "율법학자들이 무엇을 말하든 그것은 신학적으로 옳기 때문에 그대로 행하되, 그들처럼 되지는 말라." 그러나 율법학자들은 예수님을 죽이겠다고 협박했고 실제로 그분을 죽였다. 하지만 그분은 사흘 만에 부활하셨고 성령을 세상에 내려보내셨다. 이제 여러분과 나는 성령을 받았고 성령은 여러분과 나와 함께 하신다.

우리는 다시 성령으로 충만해져야 한다. 하나님의 빛이 우리에게 비치도록, 우리 영혼의 촛불이 밝게 타오르도록 해야 한다. 우리는 다시 한 번 "내가 세상의 빛"이라고 하신 하나님의 놀랍고 거룩한 빛을 느끼고 알아야 한다.

하나님 곁에서 누리는 영적 안식과 권능

많은 그리스도인은 오랫동안 구름 아래서 다녔다. 구름 위로 올라갈 수 없었다. 그 위로 올라가는 길을 찾기 위해 기도했지만, 찾지 못했다. 여러분은 그 위로 올라가는 길이 있다고 믿으려고 했지만 그런 방식으로는 올라갈 수 없다. 여러분은 그 구름을 발아래로 밀어놓고 그 위로 올라가서 눈길을 돌려 하나님을 바라보아야 한다. 그러면 쉼을 얻을 수 있다. 여러분이 할 일은 아무것도 없기 때문이다.

사람이 무엇을 할 수 있을까? 자신의 능력으로는 스스로 성령으로 충만해질 수 없다. 자신의 마음을 정결하게 씻을 수도 없다. 여러분과 나는 자신을 십자가에 못 박을 수도 없다. 우리는 할 수 없다. 하나님이 하셔야 하며, 하나님이 하실 것이다. 하나님은 그렇게 하려고 기다리고 계신다. 낙관적인 태도로 기다리신다. 하나님은 여러분 편에 서서 여러분을 돕고 싶어 하시며, 간절함이란 말이 하나님께 적용될 수 있다면 그렇게 하기를 간절히 원하신다. 하지만 우리는 주저앉아 낙담하고 우울해한다. 수많은 제단에 가 보고 수많은 책을 읽었지만 혼란스럽기만 하다. 태양은 빛나지만 여전히 구름이 맴돌고 있다. 하지만 하나님의 불쌍한 백성은 구름을 발아래 두지 않는다.

조종사가 말했다. "15분 후면 햇빛 속으로 들어갈 것입니다." 하나님의 사람이 여러분에게 말한다. "바로 지금 그것을 발아래 내려놓으면 15분 후에 햇빛 속으로 들어갈 것입니다." 담대하게 그것을 여러분의 발아래 두고, 눈을 들어 주 예수님을 바라보고 그분이 일하시게 하라. 그러면 여러분은 이전에는 결코 알지 못했던 영적 안식과 권능을 누릴 수 있는 곳으로 올라갈 것이다. 속박으로부터 풀려나는 놀라운 구원과 자유를 맛볼 것이다. 여러분은 성경을 믿게 될 것이다. 성경이 성령의 감동으로 기록되었으며 절대적으로 중요함을 믿을 것이다. 그 믿음으로 인해 여러분이 이전에는 상상해 보지도 못한 향기와 광채와 빛을 발할 것이다.

신약성경은 주님의 백성이 모여서 함께 기도했다고 가르친다. 그들은 서로를 위해 기도했다. 강한 자들은 약한 자들과 실족한 자들을 위해 기도했다. 한번은 함께 모여 기도하자 장소가 흔들렸고 그들은 모두 성령 충만을 받았다. 그 이야기는 여러 경건서와 성경에도 나와 있다. 그러나 이제 사람들은 그 이야기를 배제하고 오늘날에는 그런 일이 있을 수 없다고들 말한다.

성령을 믿고 기쁨에 겨워 살던 성도들이 사라진 동안 성령은 침묵하실 수밖에 없었다. 오늘날 세상 사람들은 우리에게 계속 잠잠하라고 말한다. 하지만 우리의 굶주린 마음은 그들이 틀렸다고 말하고, 우리의 갈급한 영혼은 지금까지 내가 말한 찬송가 작사자와 경건서 저자와 영적 위인들이 옳음을 알고 있다.

9장

겸손을
가장한
영적 우월감

빌립보서 3장에서 사도 바울이 자신에게 유익했던 것을 나열하는 대목은 유명하다. 그는 그리스도를 위해 그것들을 다 해로 여기고, 오직 자신이 그리스도 안에서 발견되기만을 원했다. 자신이 가진 의가 아니라 믿음을 통해 또는 믿음으로 얻는 하나님의 의를 통해서다. 그는 말했다. "어떻게 해서든지 … 이르려 하노니 내가 이미 얻었다 함도 아니요 온전히 이루었다 함도 아니라 오직 … 그것을 잡으려고 달려가노라 … 오직 한 일 즉 뒤에 있는 것은 잊어버리고 앞에 있는 것을 잡으려고 … 달려가노라 그러므로 누구든지 우리 온전히 이룬 자들은 이렇게 생각할지니…"(빌 3:11-15).

자신을 불신하고 하나님을 신뢰하다

성령의 감동을 받은 이 사람, 가장 공격적이고 대담한 이 사람, 확신에 찬 이 사람이 사도행전에서 말한다. "성령이 …

결박과 환난이 나를 기다린다 하시나 내가 달려갈 길과 주 예수께 받은 사명 곧 하나님의 은혜의 복음을 증언하는 일을 마치려 함에는 나의 생명조차 조금도 귀한 것으로 여기지 아니하노라"(행 20:23-24). 고린도전서 4장 15-16절에서 그는 상당히 신랄하게 말한다. "그리스도 안에서 일만 스승이 있으되 아버지는 많지 아니하니 그리스도 예수 안에서 내가 복음으로써 너희를 낳았음이라 그러므로 내가 너희에게 권하노니 너희는 나를 본받는 자가 되라." 고린도전서 5장 3-5절에서도 말한다. "내가 … 거기 있는 것같이 이런 일 행한 자를 이미 판단하였노라 주 예수의 이름으로 … 이런 자를 사탄에게 내주었으니 이는 육신은 멸하고 영은 주 예수의 날에 구원을 받게 하려 함이라." 갈라디아서 6장 17절에서도 말한다. "이 후로는 누구든지 나를 괴롭게 하지 말라 내가 내 몸에 예수의 흔적을 지니고 있노라."

자, 내가 몇 구절만 소개했지만 여러분은 사도행전과 서신서에서 유사한 구절들을 두루 찾을 수 있을 것이다. 바울에게는 분명한 확신이 있었다. 바울은 자신이 무엇을 믿는지 알고 있었다. 자신이 어디에 서 있는지 알고 있었다. 하나님을 알았고, 위대한 우주적인 확신으로 가득 차 있었다. 하지만 바로 그 바울이 자기 자신에 대해서는 큰 불신에 빠져 있었다. 고린도전서 15장 9-10절을 보라. "나는 사도 중에 가장 작은 자라 나는 하나님의 교회를 박해하였으므로 사도라 칭함받기를 감당하지 못할 자니라 그러나 내가 나 된 것은 하나님의 은혜로 된 것이니…." 고린도후서에서도 계속해서 말한다. "우리가 이 보배를 질그릇에 가졌으니 이는 심히 큰 능력은 하나님께 있고 우리에게 있지 아니함을 알게 하려 함이라"(고후 4:7). 그런 다음 디모데전서에서도 말한다. "미쁘다 모든 사람이 받을 만한 이 말이여 그리스도 예수께서 죄인을 구원하시려고 세상에 임하셨다 하였도다 죄인 중에 내가 괴수니라"(딤전 1:15). 로마서에도 있다. "내 속 곧 내 육신에 선한 것이 거하지 아니하는 줄을 아노니 원함은 내게 있으나 선을 행하는 것은 없노라"(롬 7:18).

따라서 우리는 바울의 위대한 개인적 승리가 자신에 대한 전적이고 근본적인 불신에서 비롯되었다고 적절하게 결론내릴 수 있다. 자기 신뢰는 우리의 영적 승리를 이루는 데 있어 마지막 큰 장애물이다. 바울은 결코 자신을 신뢰하지 않았다. 사람들 앞에서 그는 사자처럼 담대했다. 하지만 하나님 앞에서는 스스로에 대해 많은 것을 내세우지 못했다. 오히려 스스로에 대한 확신이 전혀 없었고 하나님에 대한 확신은 자신에 대한 확신과 반비례했다. 그는 자신을 신뢰하는 한 하나님을 신뢰할 수 없었다. 그는 자신을 불신하는 한 하나님께 자신을 내맡길 수 있었다.

'자기 신뢰'와 '자기 확신'은 여러분의 출생, 교육, 여러분에 대해 사람들이 하는 말들로 형성된다. 앞으로 설명하겠지만, 이것들은 우리가 다 사라졌다고 생각한 후에도 여전히 남아 있다. 그래서 우리는 물웅덩이 주변을 서성이는 동물처럼 하나님의 깊은 강으로 들어가기가 두려워 그 주변에서 기다리기만 할 뿐 들어가지 못한다.

자아의 거짓 속삭임, 자기 신뢰

믿음의 사람 로렌조 스쿠폴리(Lorenzo Scupoli, 1530-1610)의 이야기를 인용하고 싶다. 내 생각에 그는 좀 별난 개신교 신자였던 것 같다. 자신의 복음주의 견해 때문에 일생 동안 긴 싸움을 벌였고 얼마간은 이단으로 몰리기도 했다. 약 400년 전에 그는 이런 말을 남겼다. "자신에 대한 불신은 이 영적 전투에서 너무나도 필수적이기에, 그것이 없다면 반드시 굳건히 붙들어야 한다네." 내가 이분이나 바울과 같은 인물들을 좋아하는 이유는 그들이 사용하는 명확하고 날카로운 언어 때문이다. 그는 말했다. "자신에 대한 이 불신은 이 영적 전투에서 너무나도 필수적이기 때문에 그것 없이는 원하는 승리를 얻을 수 없다는 사실을 명심해야 한다. 자신을 불신하라."

스쿠폴리는 계속해서 말한다. "우리는 타락한 본성으로 말미암아 너무나 쉽게 자신에 대한 잘못된 견해로 빠져든다." 그는 우리가 아무런 근거 없이 마음대로 헛된 추측을 한다고 말한다. 또 계속해서 우리 자신에 대한 이런 잘못된 견해가 "하나님의 눈에는 몹시 이해하기 힘들고 가장 불쾌한 결함"이라고 말한다. 왜냐하면 "하나님은 우리를 사랑하시고 모든 은혜와 덕은 오직 모든 선의 근원이신 그분에게서만 나오며, 그분의 뜻이 아니라면, 어떤 것도, 심지어 좋은 생각 하나조차도 우리에게서 나올 수 없다는 충직한 인식을 원하시기" 때문이다.

여러분은 회심하고 거듭나서 100년 동안 간증하며 다니면서도 이 사실을 결코 알아차리지 못할 수 있다. 그런데 우리 대부분은 100년을 살 수도 없거니와 여전히 아직도 이 사실을 알아차리지 못하고 있다. 우리는 바울이 발견한 것을 발견하지 못했으며 또한 쉬이 인용하지만 충분히 이해하지는 못하는 것이 있는데, 바로 영적 승리의 주요한 장애물이 자기 신뢰라는 사실이다.

하나님을 찾는 가운데서 우리가 아는 모든 죄가 십자가에 못 박히고 없어진 이후에, 우리는 자신을 자랑하고 사랑하기를 멈췄으며 자아에 박힌 죄들을 떨쳐 냈으며 이제 그 죄들이 시원하게 사라졌다고 생각한다. 또 우리는 참으로 죽었으며 예수 그리스도 덕분에 죄에 대해 죽었다고 여긴다. 그러나 제단에 가서 공개적으로 자신을 낮춘 후에도 자기 신뢰는 이전보다 더 강해질 수 있다. 왜냐하면 더 공고한 기반 위에 세워지기 때문이다.

그래서 우리 죄를 버리고 부를 포기하고 가난한 위치를 택하고 자진해서 주변부로 밀려나고 잘못에 대한 벌을 달게 받은 후에도 '자기 신뢰'는 위로의 말을 속삭인다. 많은 사람이 스스로 속삭이는 위로를 성령의 위로라고 착각한다. 바로 그것이 스스로 강하다고 생각할 때조차 우리가 너무나 약한 이유다. 자기 위로, 자기 신뢰는 이렇게 속삭인다. "넌 다른 사람들보다 훨씬 앞서 있어."

여러분이 다른 사람들보다 훨씬 앞서 있다고 느낄 때, 죄를 과거지사로 돌리고 다 잊어버렸을 때, 죄를 고백하며 자신을 겸손히 낮추었을 때, 자아가 말한다. "이제 네 자신을 신뢰해도 될 거야. 물론 하나님의 도움으로 말이지. 다가올 승리를 기대해 봐. 하나님의 능력이 너와 함께할 거야." 자아는 계속 부추긴다. "넌 여기 죽어 있는 사람들과 달라. 너는 살아 있어." 계속 말한다. "그동안 네가 얼마나 많은 대가를 치렀는지 생각해 봐." 자아가 부드럽게 여러분의 등을 쓰다듬고 여러분은 매우 흡족해한다. 또 자아가 말한다. "너의 죄는 다 지난 일이야. 안 그래? 넌 스스로를 겸손히 낮추었어. 앞으로 나아가고 있어. 물론 넌 하나님의 도움이 꼭 필요하다는 걸 알지.”

이것이 바로 자기 신뢰다. 그리고 평범한 그리스도인이 누리는 거의 모든 기쁨은 아첨하는 자아가 주는 것이다. 고양이를 데려와 이마나 목덜미를 긁어 주면 눈을 지그시 감을 것이다. 펜실베니아에서는 그것을 “헝커 다운”(hunker down)이라고 부르곤 했다. 이것이 무슨 뜻인지 아는가? 헝커링(hunkering)은 오래된 스코틀랜드 말인데 ‘웅크린다’는 뜻이다. 고양이는 몸을 긁어 주는 것을 너무나 좋아해서 몸을 웅크린다. 그 자리에 계속 있고 싶어 한다.

자아는 언제나 하나님 백성의 목덜미를 긁어 준다. 그들이 하나님의 뜻 가운데로 다가가면 갈수록 자아는 더욱더 아첨할 것이다. 자아는 말한다. “음, 넌 다른 사람보다 더 잘 알잖아? 넌 토마스 아 켐피스의 책도 읽었어. 넌 달라. 옛 찬송가를 좋아하고 구별된 그리스도인이야. 이 미쳐 가는 현대의 것들은 너와 어울리지 않지. 넌 훨씬 더 나아.” 그런데 여러분은 그런 일이 벌어지고 있음을 자각하지 못한다. 여러분은 기분이 좋다. ‘기분이 좋다’는 것은 아직 죽지 않은 여러분의 자아에게 엄청난 아첨을 듣고 있다는 뜻이다. 이것이 바로 여러분이 다 사라져 버렸다고 생각했던 자기 신뢰다.

하나님을 과소평가하다

자기 신뢰는 왜 그렇게 잘못된 것일까? 그 이유는 하나님의 것을 가로채어 인간에게 주기 때문이다. 하나님이 받으셔야 할 궁극적이고 최종적인 신뢰를 빼앗아 버리기 때문이다. 하나님과 인간에 대해 오판하여 하나님을 실제보다 더 작은 존재로, 인간을 실제보다 더 큰 존재로 만들어 버린다. 이것은 주로 우리에게 문제가 된다. 우리는 하나님을 실제보다 과소평가하고 인간을 실제보다 과대평가한다. 우리는 신학교에 가서 신학을 공부하고 하나님이 어떻게 근원이자 샘이며 다른 모든 것이 되시는지와, 또 그분의 속성에 대해 배울 수 있다. 하지만 여전히 마음속으로는 하나님을 실제보다 작은 존재로, 우리를 실제보다 큰 존재로 믿는다.

달을 생각해 보라. 달이 말하고 생각하고 인격을 지닐 수 있다고 가정해 보라. 만약 달이 이렇게 말한다면 어떨까? "난 지구에 빛을 비추어 주지. 내가 지구에 빛을 비출 때마다 지구가 아름다워지는 게 보여." 그러나 누군가는 반박할 것이다. "혼자 있으면 넌 그저 불에 탄 재에 불과해. 모르겠니? 네가 스스로는 전혀 빛을 내지 못한다는 사실이 이미 다 알려졌어. 넌 단지 태양 빛을 반사할 뿐이야. 빛나는 건 태양이야."

나는 달의 자아가 달에게 하는 말을 알 수 있다. "넌 네 빛을 비추고 있구나. 네가 하늘에 떠 있지 않으면 온 지구는 어둠에 묻히고 말아. 잘하고 있어." 달은 고개를 끄덕이며 말할 것이다. "하나님께 영광을! 이게 다 하나님의 은혜로 된 일이야." 달은 스스로 빛을 전혀 내지 못함에도 자신이 빛을 내고 있다고 생각한다.

사도 바울은 자신이 전혀 빛을 낼 수 없다는 사실을 알았다. 그는 자신이 천국에 어울릴 만한 것이 하나도 없음을 알았다. 만약 그런 것이 있다면, 그것은 그의 안에 거하시는 하나님의 은혜로 인한 것이었다. 그는 빛을 내는 것은 자신이 아니라 하나님임을 알았다. 그는 온전히, 근본적으로 자신을 불신했다.

우리의 약점을 드러내시는 하나님

자신을 제대로 아는 사람은 아무도 없다. 우리는 자신이 얼마나 약한지 알지 못한다. 자신이 어떤 목소리를 가졌는지도 잘 모른다. 누구나 녹음된 소리를 들어 보기 전까지는 자신의 목소리가 좋다고 생각한다. 내 인생에서 나를 가장 겸손하게 만들었던 한 가지 사건은 내 첫 설교 녹음을 들었을 때였다. 그때까지만 해도 나는 설교 목소리가 좋다는 말을 들어 왔던 터였다. 마침내 나는 내 목소리를 듣게 되었다. 녹음된 설교는 거짓말을 하지 않는다. 그때부터 나는 내 목소리를 견딜 수 없었다.

마찬가지로 하나님이 드러내 주시기 전까지는 아무도 자신이 얼마나 연약한지 알지 못한다. 아무도 자신의 약점이 노출되기를 원치 않지만 하나님은 그 약점을 노출시키신다. 그리고 우리가 강점이라고 여기는 것이 사실은 우리의 약점이다. 만약 기도 중에 자신의 삶을 경건하고 신중하게 돌이켜 보고 스스로 장점이라고 여기는 것들을 메모지에 적어 보면, 그것이 오히려 약점임을 알게 될 것이다. 그 장점들이 문제의 근원이 되기 때문이다. 여러분이 자신을 제대로 이끌 수 있는 유일한 방법은 시선을 돌려 주님을 바라보는 것이다. 여러분은 자신에 대한 생각을 아예 멈춰야 한다.

성령이 밝히 보여 주시기 전에는 아무도 자신이 얼마나 약한지 또 얼마나 나쁜지 정말로 알 수 없다. 아무도 자신이 얼마나 불안정한지 드러내고 싶지 않다. 여러분은 열왕기하에 나오는 하사엘을 기억하는가? "당신의 개 같은 종이 무엇이기에 이런 큰일을 행하오리이까"(왕하 8:13)라고 선지자에게 되물었을 때 분명히 그는 진심이었다. 그러나 곧장 집으로 가서 자신이 들은 예언을 이루었다. 선지자는 그가 주인인 아람 왕을 죽일 것이라고 말했다. 처음에 그는 "당신의 개 같은 종이 무엇이기에…"라고 되물으며 겸손한 모습을 보였다. 선지자는 대답하지 않았고, 그는 집으로 가서 이불을 물에 적셔 왕의 얼굴에 대고 질식시켜 죽였다.

신약성경에 나오는 한 대담한 늙은 어부를 기억하는 가? 그는 "모두 주를 버릴지라도 나는 결코 버리지 않겠나이다"(마 26:33)라고 맹세했던 사람이다. 그러나 주님은 오늘 밤 닭이 울기 전에 그가 주님을 세 번 부인할 것이라고 말씀하셨고, 그는 그렇게 했다. 사람이 어디까지 불안정한 존재인지는 정말 아무도 모른다. 그렇기 때문에 우리의 좋은 습관을 믿는 것은 위험하다. 우리는 불안정하기 때문이다.

엄격하신, 그러나 긍휼이 많으신 하나님

어떻게 자신을 불신하는 법을 배울 수 있을까? 하나님은 네 가지 방법을 가르쳐 주신다. 다른 방법도 있겠지만 이 네 가지는 분명히 효과적이다. 《하나님을 감추는 구름》의 저자는 이 불신이 하나님 손의 작품이라고 말한다. 그리고 이 말은 대부분의 경건서 저자들과 위대한 인문주의자들, 그리고 위인전의 여러 주인공들이 뒷받침하고 확증해 준다.

옛 저자는 자기 불신이 때때로 거룩한 영감을 불러온다

고 말하는데, 나는 그것이 거룩한 영감을 얻는 가장 좋은 방법이라고 믿는다. 자신의 쓸모없음을 알아차리는 첫 번째 방법은 하나님이 여러분의 영혼에 거룩한 영감을 섬광처럼 불어넣어 갑자기 깨닫도록 해 주시는 것이다. 어떤 사람들에게는 실제로 그런 일이 일어났다.

로렌스 형제라고 불렸던 니콜라스 허먼(Nicholas Herman)은 자신에게 그런 일이 일어났다고 고백했다. 그는 40년 동안 단 한 번도 하나님의 임재에서 벗어난 적이 없으며 또 의식적으로 그러기 위해 노력했다고 말했다. 그는 "내가 십자가를 지고 예수님께 순종하며 이 거룩한 길을 걷기로 결심했을 때, 많은 고난을 겪어야 한다는 것을 주변 사람들의 말이나 책을 통해서 알았다"라고 말했다. 하지만 그는 "어떤 이유에서인지 하나님은 나를 고난 받을 만한 사람으로 여기지 않으셨다. 하나님은 그저 내가 그분을 변함없이 신뢰하게 하셨다. 나는 모든 자기 신뢰를 내려놓고 전적으로 하나님만 신뢰하고 있다." 이 말을 의역해 보자면, 그는 자신의 십자가를 지고 있었다. 그는 항상 기도할 때 하나님이 자기 안에 계시고, 자기 주변에 계심을 믿는다고 했다. 로렌스 형제는 말했다. "하나님은 내게 한 번도 많은 고통을 주신 적이 없다."

사역을 하는 동안 나는 줄곧 줄리안 부인에 대해 이야기해 왔는데, 오늘날 많은 사람이 그녀의 책과 여러 관련 자료

들을 찾아보고 있다. 그녀는 단 한 권의 책만 썼다. 그리고 세 가지 상처(회개라는 상처, 긍휼이라는 상처, 하나님을 향한 갈망이라는 상처)를 받아들였던 것을 제외한다면 그리 많은 고난을 겪을 필요가 없었다. 하나님이 거룩한 영감으로 마음에 빛을 비추어 주시자, 그녀는 즉시 자신은 말할 수 없이 하찮은 존재이며 예수 그리스도가 전부임을 알아차렸다. 세상을 떠나는 날까지 그녀는 믿음을 지켰고 날마다 성장했다.

자기를 불신하는 법을 배우는 두 번째 방법은 주님께서 성경을 통해 거룩한 영감으로 불현듯, 그러나 상냥하게 임하셔서, 우리가 얼마나 형편없는지를 알려 주시는 것이다. 여러분은 전적 타락(total depravity)을 굳건히 믿는 신자지만 루시퍼처럼 교만해져 자신을 신뢰함으로써 하나님의 얼굴을 가리고 영적 승리를 가로막을 수도 있다. 나는 신학적인 완전 타락을 말하려는 것이 아니다. 나는 성경 말씀처럼 인간은 날 때부터 나그네이자 자유 의지에 따른 죄인임을 믿게 되었다. 그 외에 어떤 것도 믿어 본 적이 없다. 하지만 나는 신학적으로 어떤 문제도 없다.

나는 신학적인 문제로 골치를 앓고 있는 사람들에게 수년 동안 편지를 받고 있다. 나는 신학적 감각이 부족해서 그런지, 사랑하는 주님께서 지켜 주셔서 그런지, 전적 타락이나 원죄설 때문에 염려하거나 골머리를 앓은 적이 없다. 그런 것들에 대해서는 아무것도 모른다. 내가 아는 전부는 내가 죄를 지을 수 있을 만큼 자라자마자 죄를 짓기 시작했다는 것이다. 내가 알거나 보았던 모든 아이들이 똑같은 길을 갔다.

여러분이 누구든 모든 인종과 모든 민족, 모든 사람은 저마다의 악을 지니고 있다. 하지만 유난히 두드러지는 악이 하나 있다. 하나님은 수천 가지 악을 알고 계시겠지만 적어도 한 가지 특징이 눈에 띄는데, 우리는 모두 태어날 때부터 악하다는 것이다. 우리는 그 사실을 받아들이고 다른 사람들에게 담대하게 가르칠 수 있다.

그런데 여러분의 잘못과 연약함을 알려 주고 그것을 직시하게 하려면 성령이 필요하다. 성령이 여러분의 연약함을 알려 주서서 여러분은 학위를 받아도 될 만큼 그 사실을 잘 알 수도 있지만, 그 후에도 여전히 설교자나 선교사, 성경 교사가 되겠다고 자랑스럽게 나서려 한다. 그러나 바울은 하나님이 때로는 거룩한 영감을 통해, 때로는 가혹한 채찍을 통해, 자신의 유대인 형제들이 그들 자신을 불신하도록 가르치신다고 말한다.

욥보다 더 좋은 예가 있을지 모르겠다. 우리는 인간적인 동정심으로 욥을 불쌍히 여긴다. 그리고 주의하지 않으면 우리는 하나님을 향해 불평하고 원망하는 욥을 절반쯤 편들게 된다. 욥의 아내와 관련해서는, 우리는 확실히 욥의 편에 설

수 있다. 내가 아는 그녀의 유일한 장점은 다시는 욥기에 등장하지 않는다는 점이다. 그녀에게 무슨 일이 일어났는지는 모르지만 그녀는 더 이상 언급되지 않는다.

하지만 여러분은 욥이 겸손과는 거리가 먼 사람이었음을 알아챘는가? 욥은 기도하는 사람이었다. 그리고 자녀들의 생일잔치 전날 밤, 혹여라도 자녀들이 죄를 지을까 봐 번제를 드리는 사람이었다. 그는 자녀들이 잔치를 열지 못하도록 할 수는 없었다. 하지만 하나님께 나아가 무릎을 꿇고 그들을 위해 기도할 수는 있었고 또한 그렇게 했다.

욥기의 이야기 후반부에 나오는 욥의 말을 들어 보라.

> "나는 지난 세월과 하나님이 나를 보호하시던 때가 다시 오기를 원하노라 그때에는 그의 등불이 내 머리에 비치었고 내가 그의 빛을 힘입어 암흑에서도 걸어다녔느니라 내가 원기 왕성하던 날과 같이 지내기를 원하노라 그때에는 하나님이 내 장막에 기름을 발라 주셨도다 그때에는 전능자가 아직도 나와 함께 계셨으며 나의 젊은이들이 나를 둘러 있었으며 젖으로 내 발자취를 씻으며 바위가 나를 위하여 기름 시내를 쏟아 냈으며 그때에는 내가 나가서 성문에 이르기도 하며 내 자리를 거리에 마련하기도 하였느니라"(욥 29:2-7).

욥은 당대의 유력자였다. 당시에는 시청이 없었다. 그 대신에 길목에는 유력자들이 나와서 앉아 있는 전용 장소가 있었다. 욥은 말한다. "나를 보고 젊은이들은 숨으며 노인들은 일어나서 서며"(욥 29:8). 아마 사람들은 욥을 보며 말했을 것이다. "길을 따라 걸어오는 자가 누구인가? 고귀하신 욥 선생님 아닌가?" 이제 그는 한탄한다. "내가 지금 이 잿더미에 누워 있나니, 신세가 처량하구나. 이제 사람들이 나를 멀리하고 아무도 나를 존경하지 않을 거야."

욥은 대단한 사람이었고 스스로도 그 사실을 알고 있었다. 그리고 그것이 문제였다. 그에게 그 모든 일이 일어나야만 했던 이유가 바로 그것이다. 여러분이 대단하지만 그 사실을 모르고 있다면 아무런 일도 일어나지 않을 것이다. 하지만 만약 여러분이 어쩌다 그 사실을 의식하게 된다면, 그리고 하나님을 사랑하게 된다면, 여러 가지 일이 일어나기 시작할 것이다. 만약 아무 일도 일어나지 않는다면, 그것은 주님께서 신뢰하실 만큼 여러분이 아직 충분히 성장하지 못했기 때문이다. "지도자들은 말소리를 낮추었으니 그들의 혀가 입천장에 붙었느니라 귀가 들은즉 나를 축복하고 눈이 본즉 나를 증언하였나니 이는 부르짖는 빈민과 도와줄 자 없는 고아를 내가 건졌음이라 망하게 된 자도 나를 위하여 복을 빌었으며 과부의 마음이 나로 말미암아 기뻐 노래하였느니라"(욥

29:10-13). 욥은 그런 사람이었다. 그는 그저 자신이 예전에 어떤 사람이었는지 말하고 있다. 그런데 불행히도 그것은 단지 반쪽짜리 기도였다.

욥은 잿더미 위에 앉아 있었고 우리는 그가 얼마나 오랫동안 사방의 적들과 함께 있었는지 모른다. 하지만 하나님은 이 가혹한 환경이 자리를 잡고 낙담이 이 사람의 영혼을 갉아먹기 시작할 때까지도 시련의 고삐를 늦추지 않으셨다. 마침내 그가 이렇게 말할 지경까지 이르렀다. "하나님, 저는 계속 말하고, 말하고 또 말했지만, 이제 입을 다물겠습니다. 손으로 입을 막겠습니다. 제가 얼마나 눈꼴사나운지요." 욥이 교훈을 얻자 주님은 말씀하셨다. "좋아. 욥, 이제 친구들을 위해 기도해라." 그래서 욥은 친구들을 위해 기도했고 하나님은 욥에게 모든 것을 갑절로 돌려주셨다.

사랑하는 하나님 아버지가 가혹한 채찍질로 자녀들에게 스스로를 불신하는 법을 가르치신다는 사실을 듣고 싶어 하는 사람은 아무도 없다. 어떤 사람들은 내가 강경한 사람이고 채찍질을 좋아한다고 오해할지도 모르겠다. 그러나 오히려 그 반대다. 할 수만 있다면 나는 1년 동안 주일마다 시편 23편을 설교하고 싶다. 시편 23편을 다 끝낸 뒤에는 이사야 53편을 택할 것이다. 그것도 끝내면 고린도전서 13장을 설교할 것이다. 내가 그 설교들을 하는 동안 여러분은 어떻게 변화되어 있을 것 같은가? 아마도 힘없고 여린 그리스도인이 되어 있을 것이다. 하나님은 때때로 우리에게 가혹한 채찍질을 하셔야 한다. 아이들에게 설탕 과자만 먹이면 어떻게 되겠는가? 열두 살만 되어도 이가 남아 있지 않을 것이다. 단단한 음식도 먹어야 한다. 하지만 모두들 가혹한 채찍질에 대해서라면 잠깐만 언급하고 지나친다. 아무도 그 부분을 강조하지 않는다.

세 번째 방법은, 때때로 맹렬하고 감당할 수 없는 유혹을 주심이다. 우리가 맹렬한 유혹을 받아서 잠시 헤어나지 못할 때는 백기를 들고 이렇게 말하기 쉽다. "하나님, 다 소용없어요. 전 구제불능이에요. 무디와 아우구스티누스, 여러 믿음의 사람들에 대해서도 읽어 봤지만 소용없어요. 하나님은 저를 원하지 않으세요. 이제 전 망했어요." 하나님은 때로 맹렬하고 견딜 수 없는 유혹을 주심으로써 신자들에게 스스로를 불신하도록 가르치신다는 사실을 우리는 완전히 잊어버리는 경향이 있다. 그리고 가끔 다 사라졌다고 생각했던 어떤 유혹이 다시 솟구쳐 오를 때, 여러분은 그것을 자신이 기독교인이 아니라는 증거로 받아들인다. 그것을 어제보다 오늘 우리가 영원한 우리의 집에 더 가까워졌으며 하늘 아버지가 우리의 참된 선함을 보여 주시려 하는 증거로 받아들이지 않는다.

이제 로렌스 형제로 다시 돌아가 보자. 그는 항상 주님과 동행했다고 말한다. 그러나 또한 말했다. "혹 내가 어디선가 실수를 해도 일일이 그 일에 연연하지 않았다. 나는 주님께 곧장 가서 '주님, 그것이 저예요. 그러니 주님이 절 도와주시지 않으면 계속 그런 일이 일어날 거예요. 저는 바로 그런 사람이니까요'라고 말했다." 그리고 덧붙였다. "그러자 주님은 나를 용서해 주셨고, 나는 곧장 다시 앞으로 나아갔다."

사람들은 종종 회개란 오랜 시간 동안 자신을 채찍질해야 하는 일이라고 말한다. 하지만 죄를 다루는 가장 좋은 방법은 페늘롱이 말한 것처럼 하나님께로 돌이켜 더 이상 죄를 짓지 않는 것임을 깨닫는 때가 온다. 그것이 세상에서 가장 바람직한 회개다. 지난주에 부끄러움을 느끼고 죄를 자각하며 정죄받을 만한 어떤 일을 했다면 어떻게 회개할 수 있을지 자문해 보아야 한다. 가장 좋은 회개는 주님께 나아가서 털어놓고 더 이상 그 일을 하지 않는 것이다.

때때로 여러분을 넘어지게 만드는 유혹은 여러분이 진정한 그리스도인이 아니라는 증거일까? 아니다. 그것은 여러분의 양심이 섬세하며, 여러분이 하나님과 매우 가까이 있으며, 주님이 맹렬한 유혹을 통해 여러분에게 스스로를 믿지 말라는 마지막 교훈을 주려 하신다는 증거다. 야곱이 받은 유혹을 기억하는가? 베드로와 많은 믿음의 사람들이 겪었던 유혹은 어떤가?

하나님 아버지가 자기 불신을 가르치실 때 사용하시는 네 번째 방법은 우리가 이해하지 못하는 여러 수단들을 통해서다. 때로 우리는 도대체 무슨 일이 일어나고 있는지조차 깨닫지 못한다. 즉, 하나님이 사용하시는 방법이 무엇인지 알지 못한다. 여러분은 그리스도인이며 그 사실을 알고 하나님을 사랑하지만, 세상에서나 교회에서 일어나는 말도 안 되는 일들에 지쳤다. 여러분의 마음은 사슴이 시냇물을 찾듯 하나님을 갈망하며 여러분의 마음과 육신은 살아 계신 하나님을 애타게 부르짖어 구한다. 그럼에도 장애물이 있다. 여러분은 여전히 자신을 신뢰한다. 여러분은 거듭났다. 그것을 말하고 증언할 수 있다. 여러분은 성경을 사랑하며 기도하는 훌륭한 그리스도인이다. 하지만 여전히 자신을 신뢰한다.

하나님은 여전히 우리를 일으키고 지탱해 주시며 우리가 병들었을 때 침상을 지켜 주신다. 우리의 생각을 이해하시고 우리가 먼지에 불과함을 아신다. 그럼에도 우리를 사랑하시고 인내하신다. 또 판단하거나 노하지 않으신다. 하나님은 단지 그분의 자녀들이 성장하기를 원하시며 그래서 때로는 가혹한 채찍질을 하셔야 할 때도 있다.

우리는 어떻게 해야 할까? 하나님을 신뢰하고 사랑하며 전적으로 의지해야 한다. 여러분은 전적으로 믿을 수 있는 누군가를 알고 있는가? 여러분은 혼잣말을 한다. "음, 어디

보자. 이 형제일까, 저 형제일까? 그를 믿어도 될까?" 여러분은 자신이 틀렸을 때 믿고 의지할 수 있는 누군가를 알고 있는가? 여러분이 옳다면 친구들을 의지할 수 있겠지만, 여러분이 잘못을 범했을 때도 믿고 의지할 사람이 있는가?

예전에 프랑스의 한 위대한 설교자가 말했다. "내 친구들로 이 큰 성당을 가득 채우는 것은 어렵지 않겠지만, 내 진정한 친구들로 이 성당의 좌석들을 채울 수는 없습니다." 그는 냉소주의자가 아니라 현실주의자였다. 자신이 옳지 않을 때 믿고 의지할 수 있는 누군가를 아는가? 내가 그 누군가를 말해 주겠다. 그 이름은 예수다. 하나님은 이 예수를 주님과 그리스도가 되게 하셨다.

여러분이 해야 할 것은 그분을 전적으로 신뢰하고 그분이 일하시게 해 드리는 것이다. 그분을 밀어붙이지 말라. 그분과 싸우지 말라. 책상을 치면서 "하나님, 지금 나를 위해 일하셔야 해요"라고 말하지 말라. 여러분이 하나님의 손안에 있고 순종한다면 하나님이 인도하실 것이며 결코 여러분을 실망시키지 않으실 것이다. 형제자매여, 우리가 할 수 있는 가장 위대한 일은 높이 들리신 예수님을 바라보고, 우리가 협력하기만 한다면 우리를 돕기 원하시는 형제이자 친구이신 그분이 승리자로서 그곳에 계심을 아는 것이다.

10장

하나님을
이용하려는
욕심

나는 하나님이 하늘과 땅과 그 안에 있는 모든 것을 창조하셨다고 믿는다. 그분이 모든 생명체를 만드셨을 뿐 아니라 저마다에게 고유한 생명을 부여하셨음을 믿는다. 하나님은 그러한 생명체들을 그에 맞는 환경에 거하게 하시고 그 환경과 조화롭게 지내도록 하셨다. 각 생명체가 자신의 환경에 머물면서 하나님이 주신 고유한 생명으로 살아간다면 자신이 지음받은 목적을 달성하게 된다. 그리고 하나님은 스스로 계시는 분이므로 어떤 피조물에게도 이보다 더 높은 존재는 있을 수 없다. 각 피조물은 하나님이 창조하신 목적을 이루어야 한다.

하나님의 형상대로 창조된, 그러나 길 잃은 존재

사람들 중 더러는 유명한 건물의 벽에 이름이 붙는 영광을 누린다. 노벨상, 퓰리처상 등 대단한 상을 받는 사람들도 있다. 원한다면 그들을 성인으로 추대할 수도 있지만, 피조물에 대해서는 하나님이 모든 것을 이미 결정하셨으므로 우리가 더 이상의 말을 보탤 필요는 없다. 즉 하나님이 피조물인 인간을 만드셨고, 그에게 특정한 종류의 생명을 주셨으며, 그들이 살 수 있는 환경을 주셨다. 인간은 그 환경에서 편안하게 자신감을 품고 하나님이 부여해 주신 삶을 살았다. 천사와 천사장들, 스랍과 그룹, 성자와 사도와 선지자들은 그이상으로 더 나아갈 수 없다.

유다서에서는 처음 주어진 자신의 직급을 지키지 않고 거처를 떠난 천사들에 대해 이야기한다. 하나님은 그들을 여호와의 날의 심판에 이르기까지 어둠 속 영원한 사슬에 결박해 두셨다. 그들은 자신들이 창조될 때 있도록 정해진 장소를 떠났으며, 자신의 적절한 영역이나 지위를 떠난다면 누구라도 곧 어떤 지성적, 도덕적 피조물이라도 끝없는 패배와 고통만 경험할 것이다. 왜냐하면 그들은 창조된 목적을 이루지 못하기 때문이다.

많은 사람이 종교적 상상력을 발휘하고 성경이 가르치는 것을 그대로 믿기 두려워하기 때문에 가난한 삶에 시달리고 있다. 성경은 천사와 천사장, 스랍과 그룹, 파수꾼, 거룩한 자, 정사와 권세에 대해 이야기하지만, 우리는 오직 사람만 강조하고 있다. 우리는 믿음으로 상상력을 발휘해 다양한 존재들로 가득 찬 충만한 우주의 경이로움을 포용하기를 두려워한다. 하나님은 자신의 형상대로 사람을 창조하셨으며, 다른 어떤 피조물도 이런 특권을 받지는 못했다.

성경 어디에서도 하나님이 스랍이나 얼굴과 날개를 가진 그룹, 천사나 천사장, 정사나 권세를 자신의 형상대로 창조하셨다고 말씀하지 않는다. 하지만 분명히 사람은 하나님의 형상으로 만드셨다고 말씀한다. 하나님은 애정을 담아 "우리의 형상을 따라 … 우리가 사람을 만들고"라고 말씀하셨다. 그래서 하나님의 형상대로 아담을 창조하시고 그에게 생기를 불어넣으시자 사람은 생령이 되었다. 급진적으로 들릴 수 있겠지만, 처음 창조되었을 때 사람은 어떤 피조물보다도 하나님과 비슷했다. 하나님께서는 그 어떤 피조물에 대해서도 자신의 형상대로 만드셨다고 말씀하지 않으신 것을 통해서 이를 확인할 수 있다.

현명하고 연륜 있는 독일의 한 기독교인은 우주에서 인간의 영혼만큼 하나님과 닮은 것은 없다고 말했다. 물론 그는 인간의 영혼이 죄로 가득하고 길을 잃었음을 기정사실로 여겼다. 그런 의미에서 죄는 하나님과 닮지 않았으므로 죄를 지은 영혼은 죽어야 마땅하다. 그러나 인간의 본성과 영혼에는 기본적으로 우주 안의 어떤 것보다도 더욱 하나님과 비슷해질 수 있는 무언가가 있다. 우리가 그것을 믿을 수 있으면

좋겠다. 우리가 그것을 우리 신조(creed)의 일부로 받아들이고, 주저 없이 그것을 믿는다고 밝히 말할 수 있기를 바란다. 하지만 그 믿음을 빙자해서 우리가 인간은 아무 문제도 없다고 믿는다고 사람들이 오해하고 비난하지 못하도록 해야 한다. 인간은 괜찮지 않다. 인간은 타락한 피조물이다. 커브 길에서 고속도로를 벗어나 골짜기로 추락한 뒤 바위에 처박힌 자동차와 같다. 인간은 괜찮지 않다. 길을 잃었다.

하나님을 알 수 있게 창조된 인간

하나님은 사람을 하나님을 알 수 있는 존재로 창조하셨으며, 거기에 우리의 구원이 있다. 하나님은 다른 어떤 피조물도 알 수 없을 정도와 의미로 사람이 하나님을 알도록 창조하셨다. 하나님 앞에 있는 다른 피조물들은 하나님의 형상대로 창조된 사람의 영혼이 할 수 있는 만큼 하나님을 알 수 없을 것이다. 하나님을 아는 데 필요한 만큼의 빛이 없기 때문이다.

식탁 아래서 쉬는 고양이나 깔개 위에 누운 개는 우리가 모차르트나 베토벤을 연주해도 조금도 움직이지 않는다. 고양이의 본성에는 베토벤이나 모차르트를 이해할 수 있는 능력이 없다. 런던에서 개의 주인이 자기 음성을 녹음해 보냈다고 가정해 보자. 그것을 들려주면 비록 주인의 목소리를 알고 있다 해도 개들은 일어나 그쪽으로 다가가서 경이로움으로 그 녹음기를 응시하지는 않을 것이다. 그것을 감상할 수 있게 해 주는 빛이 그 개에게는 없기 때문이다. 하지만 두 살배기 아기에게 엄마의 목소리를 들려주면 그 아기는 자신의 작은 몸을 흔든다. 모든 아기가 그렇게 한다. 그런 속성은 그들에게 내재되어 있다. 하나님은 아기들에게 우주의 리듬을 불어넣어 주셨다. 하나님은 우주에서 가장 위대한 음악가시다. 그래서 그 작은 아기들은 음악의 흐름 속에서 태어난다. 마치 물고기가 물속에서 태어나는 것처럼 말이다. 그리고 아기들이 음악을 들을 수 있을 만큼 자라면 자연스럽게 음악을 듣고 웃으며 그에 맞춰 몸을 흔들 수 있다. 그것은 하나님이 그들의 본성에 주신 빛의 춤이기 때문이다.

하나님은 다른 어떤 피조물도 알 수 없는 방식과 정도로 우리가 그분을 알도록 만드셨다. 다른 피조물은 인간이 가진 그 능력을 갖지 못했다. 확실히 천사들은 능력이 있는 존재다. 그들은 거룩하며 하나님께 순종한다. 분명히 보좌를 둘러싼 스랍들은 하나님의 화염 속에서 빛나고 하나님을 안다. 하지만 하나님의 구속 사역이 완성될 때 사람이 알게 될 것처럼 하나님을 알 수는 없다. 하나님은 사람이 천사보다 높아지기를 원하셨다. 하나님이 사람을 천사보다 조금 못한 존재로 만드신 이유는 이후에 사람을 천사보다 더 높이시기 위해서였다. 모든 것이 완성되고 하나님이 우리를 아시는 것처럼 우리도 하나님을 알게 되면, 하나님의 질서 가운데서 우리가 천사들보다 더 높은 위치를 차지할 것이다.

하나님을 아는 지식을 잃어버린 인간

그러나 사람은 죄로 말미암아 이 지식을 잃었다. 로마서 1장이 이를 말해 준다. 바울은 비록 사람들이 하나님을 알았으나 "하나님을 영화롭게도 아니하며 감사하지도 아니하고 오히려 그 생각이 허망하여지며 미련한 마음이 어두워졌나니"라고 말한다(롬 1:21). 그들이 마음에 하나님 두기를 싫어했으므로 하나님은 그들을 그 상실한 마음대로 내버려 두셔서 합당하지 못한 일을 하게 하셨다. 다른 번역본 성경은 그들이 부끄러운 일을 하게 하셨다고 말한다. 죄로 인해 사람은 하나님을 아는 이 지식을 잃었다. 사람은 하나님을 알 수 있는 잠재력이 있지만 여전히 하나님을 알지 못한다. 그의 행위가 그의 고귀한 태생에 어울리지 않으며 마음이 엄청난 공허함으로 가득 차 있기 때문이다.

이것이 바로 우리의 문제다. 이것이 우리가 언제나 위기에 부딪히는 이유다. 사람들은 말하기를 과학, 철학, 정신의학, 심리학, 사회학이 세상을 더 살기 좋은 곳으로 만들어야 하고 사람들은 서로 형제가 될 수 있다고 한다. 하지만 우리는 태초 이후로 어느 때보다 서로를 더 미워하고 있다. 의심과 배신, 감시나 간첩 행위도 어느 때보다 넘쳐나며 무엇인가를 팔기 위해 혈안이 되어 있다. 무엇이 문제일까? 그것은 인간이 공허함으로 가득 차 있기 때문이다. 하나님을 알도록 창조되었지만 죄로 말미암아 인간은 시궁창을 선택했고 하나님을 아는 지식을 간직하려 들지 않았다.

성경은 하나님을 알지 못하는 죄인에 대해 무엇을 가르쳐 주는가? 우선 우리가 하나님을 알 수 있다고 가르친다. 하나님이 죄지은 천사들을 버리셨던 것처럼 인간을 버리지는 않으셨다고 가르친다. 어째서 하나님은 죄지은 천사들을 버리셨을까? 그들은 처음부터 하나님의 형상대로 지음받지 않았기 때문이다. 도덕적, 영적 인식을 할 수 있는 도덕적 피조물로 만들어졌지만, 하나님의 형상대로 만들어지지 않은 존재다. 왜 하나님은 인간을 버리지 않으셨을까? 사람이 하나님의 형상대로 지음받았기 때문이다. 그래서 하나님은 인간에게 기회를 주시고 구원자를 보내 주셨다.

무한하신 하나님을 우리가 다 알 수 있는가

성경은 인간이 하나님을 어떻게 알 수 있다고 가르치는가? 바로 예수 그리스도를 통해서다. 예수님은 보이지 않는 하나님의 형상, 하나님의 영광의 빛, 그리고 하나님 본체의 틀림없는 형상이시다. 교회의 교부들은 그분에 대해 이렇게 고백했다. "하나님의 독생자이신 유일하신 주 예수 그리스도를 믿사오니, 그분은 태초 전에 하나님 안에서 나셨습니다. 하나님 중의 하나님, 빛 중의 빛이시며, 태어나셨으나 창조되지 않으신 분, 하나님 아버지와 본질상 같으신 분이시며, 만물이 그로부터 생겨났습니다." 이것이 성경이 가르치는 바다. 성경은 하나님의 본질이 무엇이든 그리스도 역시 동일한 본질을 지니신다고 가르친다.

자유주의자들의 말을 듣지 말라. 그들은 하나님이 그리스도를 통해 자신을 계시하셨고 그리스도가 인간들보다 하나님을 더 많이 반영했다고 말한다. 또 어떤 금속 조각은 다른 금속 조각들보다 방사능이 더 많을 수 있듯이 어떤 사람들은 다른 사람들이 하지 못하는 방식으로 하나님과 일치를 이루며, 그래서 그들은 종교적 천재들이라고 말한다. 그리고 예수 그리스도는 누구보다도 하나님을 더 많이 포착하고 반영한 최고의 종교적 천재였다고 한다. 그런 말을 듣지 말라.

그것은 죄다 예수 그리스도를 모욕하는 말이다.

예수 그리스도는 신성을 반영하셨으나 오직 신성만을 반영하지는 않으셨다. 신성을 계시하셨지만 신성만을 계시하지는 않으셨다. 그분은 하나님이셨고, 지금까지도 하나님이시고, 하나님이심을 결코 멈출 수 없으시다. 빛 중의 빛, 하나님 중의 하나님, 참되신 하나님, 태어나셨으나 창조되지는 않은 분이다. 하나님이 어떤 분이시든 그리스도 역시 동일한 분이시다. 예수 그리스도를 아는 것은 태초의 근원으로 다시 돌아가는 복된 행위다.

우리는 지금까지 가짜를 향해 길을 재촉해 왔다. 하지만 이제 믿음과 기도를 통해 우리 영혼은 놀랍고 민첩한 움직임으로 우리 존재의 근원으로 되돌아간다. 하나님을 알 수 있는 곳, 아담이 시작된 곳, 세상이 시작된 곳, 천사들이 시작했던 곳으로 되돌아가서 다시 시작한다. 우리가 하나님의 존재, 삼위일체 하나님이라고 부르는 그 영광스럽고 떨리는 근원으로 되돌아가서, 다시 시작한다. 예수 그리스도 안에서 우리는 그곳으로 돌아간다.

이러한 중심의 복된 회복에 시선을 고정했던 존 뉴턴(John Newton, 1725-1807)은 이런 글을 남겼다. "이제 편히 쉬어라, 오랫동안 나뉘었던 내 마음. 이 복된 중심으로 돌아가 편히 쉬어라." 우리 존재의 옛 근원으로 돌아가면 우리는 그리스도 안에서 시작점을 찾고 다시 시작한다.

바울은 "내가 그리스도를 알고자 하여"라고 말했다. 우리가 마주한 당혹스러운 질문은 어째서 그리스도인들은 그리스도를, 그리고 하나님을 그토록 조금밖에 알지 못하는가이다. 물론 하나님의 모든 것이 다 우리에게 알려질 수는 없다. 사실 여러분이 하나님에 대해 알려질 수 있는 모든 것을 매우 잘 안다고 생각한다면 여러분은 곧 터져 버리고 말 것이다. 여러분이 터져 버리고 나면 하나님이 여러분을 수습해 회복시키는 데 오랜 시간이 걸릴 것이다. 결코 신성의 모든 것이 다 알려질 수는 없다. 어떤 존재라도 하나님을 다 알 수 있으려면 하나님과 동등해져야만 하기 때문이다. 1리터의 그릇에는 1리터 이하의 물만 부을 수 있는 것처럼, 하나님의 모든 것이 하나님보다 작은 존재의 경험 속으로 다 들어올 수는 없다.

삼위일체를 논하면서 고대 교부들은 다음과 같이 생각하라고 가르쳤다. "영원하신 하나님 아버지는 무한하신 분이며 그분의 이름은 사랑이고 그분은 사랑 자체이시기도 하다. 근본적으로 사랑의 본질은 자신을 내어 주는 것이나, 그분은 자신과 전적으로 동등하지 않은 누구에게도 그분의 사랑을 온전히 줄 수 없으셨다. 그래서 우리는 아버지와 동등한 아들을 받았다. 그리고 영원하신 아버지는 그분의 사랑을 아들에게 부어 주셨고, 아들은 아버지와 동등하기 때문에 그 모든 것을 담을 수 있었다." 이 현명하고 이치에 밝은 옛 믿음의 대가들은 이어서 말했다. "아버지가 아들에게 그분의 사랑을 부어 주시려면 아버지와 아들과 동등한 전달의 매개자가 있어야 했는데, 그것이 바로 성령이었다."

여러분은 이제 삼위일체를 알게 되었다. 자신의 충만한 사랑 안에 계시는 태초의 아버지는 존재에 있어 자신과 동등한 성령을 통해 자신을 아들에게 부어 주시며, 아들은 또한 존재에 있어 아버지와 성령과 동등하시다. 그러므로 우리가 하나님이라고 부르는 무한한 존재의 바다, 채우고 둘러싸고 감싸고 지탱하는 하나님 존재의 모든 것을 사람이 다 알 수는 없다. 하나님에 대해 알 수 있는 모든 것은 그리스도 안에서 드러난다.

하나님을 경험할 때 얻는 생생한 지식

바울이 "내가 그리스도(를) … 알고자 하여"(빌 3:10)라고 말했을 때, 그 말은 그리스도를 지성적으로 안다는 뜻이 아니었다. 개인적이고 의식적인 경험을 통해서 안다는 의미였다. 그는 자신이 하나님을 개인적으로 알 수 있음을, 마음과 마음으로 교감하면서 하나님을 의식적으로 알아갈 수 있음을 의

미했다. 하인리히 소이세(Henry Suso)는 아름다운 악기 류트가 감미롭게 연주되는 것을 듣는 것과 단지 류트가 감미롭게 연주되었다는 말을 듣는 것에는 엄청난 차이가 있다고 말했다. 연주회가 열렸다는 말을 듣는 것과 연주회에 직접 가서 음악을 듣는 것은 전혀 다르다. 어떤 행성이 갑자기 발견되었다는 소식을 듣는 것과 그 행성을 직접 바라보는 것은 전혀 다르다.

이것은 많은 그리스도인의 실제 모습을 잘 설명해 준다. 그들은 류트로 곡을 아름답게 연주했다는 말은 들어본 적은 있지만 그 연주를 직접 들어 본 적이 없다. 그들은 하나님에 대해서 전해 듣기만 했다. 내가 확신하기로는, 사람들은 하나님을 오직 누군가에게 전해 들어서만 알려는 경향이 있다. 어떤 이들은 하나님에 대해 전해 듣기만 했을 뿐 직접 귀 기울여 본 적이 없다. 또 다른 이들은 그분을 듣고 그분을 알고 있지만 어렴풋이만 알고 있다. 우리는 언제나 하나님 음성의 희미한 메아리만 들어 왔다. 여러분은 하나님의 임재 안으로 들어갔다 나온 사람을 언제나 구별할 수 있다. 그들의 간증에는 다른 데서는 찾을 수 없는 생동감이 있다.

어떤 장소에 대한 설명을 그저 읽어 보기만 해도 많은 것을 알 수 있다고 말하는 사람들이 있다. 하지만 그 장소를 직접 여행하고 돌아온 사람이라면 그 말에 그저 미소만 지을 것이다. 실제로 그곳에 가 본 적이 있다면 책으로만 읽어서는 알 수 없는 것이 있음을 알 수 있다. 대부분의 그리스도인은 하나님에 관한 책을 읽기만 했다. 그것이 전부다. 그들은 하나님 음성의 희미한 메아리를 들었다. 하나님의 빛이 반사되는 것만 보았다. 그래서 하나님에 대한 그들의 개인적인 지식은 매우 보잘것없다.

우리는 신앙생활을 하면서 사회적 친분을 쌓고 서로 신앙적 존경을 표하며 의지한다. 주님도 그렇게 하셨다. 그분께는 형제들이 있었다. 해야 할 일이 있었다. 그분은 치유 사역을 하시고 죽은 자를 살리시며 앞 못 보는 사람의 눈을 뜨게 하시고 듣지 못하는 사람을 듣게 해 주셨으며 질문에 대답하시고 사람들을 축복하셨다. 그러나 그분은 또한 하나님을 개인적으로 아는 지식이 있었고 그것은 굳건하고 생생하면서도 개인적인 앎이었다. 그래서 산에 올라가 밤새도록 기도하고 하나님의 응답을 기다리고 계실 때도 혼자라고 느끼지 않으셨다. 하나님이 그곳에 계심을 알았다.

하나님을 수단이 아니라 목적으로 삼으라

하나님은 여러분에게 그분 자신을 주기 원하신다. 성경

은 하나님이 생명의 질서를 창조하셨을 때 그 생명을 위한 환경을 조성하셨다고 말씀하지 않는가? 그리고 하나님이 자신의 형상대로 사람을 만드셨을 때, 그리고 그 사람에게 자신의 형상을 되돌려 주시기 위해 어린양의 피로써 그들을 구속하셨을 때, 하나님이 그리스도인의 환경이 되어 주신 게 아닌가? 우리가 바다라고 부르는 대양은 고래를 위한 환경이고, 공기는 새들을 위한 환경이다. 땅은 지렁이와 두더지를 위한 환경이다. 그리스도인을 위한 환경은 하나님의 마음이며, 그것은 우리가 하나님의 마음속에 살아야 한다는 뜻이다.

참으로 슬프게도 오늘날 신자들은 하나님의 선물을 원하지만 하나님 자신은 원하지 않는다. 그러나 생각해 보라. 만약 하나님이 여러분에게 하나님을 주시지 않고 장미를 주신다면 가시 있는 장미를 주신 것이다. 하나님을 주시지 않고 정원을 주신다면 뱀이 있는 정원을 주신 것이다. 하나님을 주시지 않고 포도주를 주신다면 그것으로 여러분 자신을 멸하게 할 것을 주신 것이다. 하나님은 여러분에게 그분 자신을 주기 원하신다. 하지만 우리는 하나님께 다른 무언가를 얻어 내기 위해 하나님을 원한다. 이것이 우리의 가장 큰 고질병이다. 주권자이신 하나님은 그분 자체로 사랑받기 원하신다. 그분 존재만으로 인정받기를 원하신다. 그리고 무엇보다도 더욱 우리가 그분을 가지면 나머지 모두를 다 가질 수 있다는 사실을 알기 원하신다. 예수님은 그것을 다른 방식으로 말씀하셨다. "그런즉 너희는 먼저 그의 나라와 그의 의를 구하라 그리하면 이 모든 것을 너희에게 더하시리라"(마 6:33).

하나님은 왜 죄를 용서하실까? 죄는 그분과 우리 사이에 있는 어둠이기 때문이다. 하나님과 우리가 서로를 알기 위해서는 그 어둠이 없어져야 한다. 그래서 하나님은 죄를 용서하신다. 우리가 하나님을 신뢰할 때 하나님은 왜 우리에게 성령을 부어 주실까? 성령이 오실 때 하나님의 것을 가져와 우리에게 보여 주시기 위해서다. 하나님은 왜 기도에 응답하실까? 기도에 응답하시는 가운데 자신의 얼굴을 우리에게 드러내시기 위해서다. 왜 하나님은 우리에게 성경을 주셨을까? 성경을 통해서 우리가 하나님을 알도록 하기 위해서다.

형제자매여, 성경은 그 자체로 목적이 아니다. 성경의 목적은 여러분을 성경으로 인도하지 않고 하나님께로 인도하는 데 있다. 성경은 사다리다. 성경은 소통의 수단이다. 성경은 안으로 들어가는 입구다. 성경은 결코 그 자체로 목적이 아니다.

하나님은 이 사실을 말할 수 있는 누군가를, 하나님의 교회에 이것을 가르칠 누군가를 들어 세우실 것이다. 오랫동안 우리는 하나님의 종이 되지 않고 하나님을 우리의 종으로 생각하게 만드는 가르침에 세뇌되어 왔다. 하나님은 우리에게 선물을 주시고 싶지만 무엇이든 그 선물과 함께 그분 자신을 주기 원하신다. 참으로 놀랍지 않은가?

오늘날 우리는 하나님을 이용한다. 직업을 얻기 위해, 안전을 보장받기 위해, 마음의 평화를 얻고 천국에 가기 위해 하나님을 이용한다. 그런 가운데서도 하나님은 이렇게 말할 사람들을 찾으신다. "하나님, 저는 모릅니다. 하지만 제 마음이 주님을 갈망합니다. 제가 당신을 원합니다. 주님 안에서 안식을 찾기까지 제 마음은 고통스럽고 쉼을 얻지 못합니다. 제 앞에 있는 모든 것을 갖기보다는 주님만 섬기기를 원합니다." 세상에 있는 모든 재물을 갖고도 하나님과 함께하지 못한다면, 하나님과 함께하며 동전 한 푼만 갖는 편이 낫다. 하나님은 모든 것을 망각의 구름 아래 둘 사람들을 찾고 계신다. 하나님은 누구도 그분의 자리에 서서 그분의 자리를 빼앗거나 심지어 아주 조금이라도 그분을 대신하려는 것을 원치 않으신다. 하나님은 우리가 그분 자신 곧 하나님을 찾기를 원하신다.

존 웨슬리에게 하나님을 어떻게 찾아야 할지 묻자 그는 이렇게 대답했다. "더 많은 사랑 이외에 다른 것을 더 많이 구하라고 말하는 설교자가 있다면 그의 말을 듣지 마십시오." 여러분이 들어야 할 유일한 설교는 하나님을 더 많이 구하라는 설교다. 삼위일체 하나님을 알도록 힘쓰라. 여러분은 그리스도 안에서 여러분의 영혼에 계시된 모든 신성을 지금보다 이루 말할 수 없을 만큼 더 많이 알 수 있다. 그리스도의 교회가 오직 이 지점으로 다시 돌아와서 분별 있고 진지하며 시간을 허비하기를 멈추고, 하나님 자신을 찾기 시작하면, 하나님의 온갖 은사가 하나님과 함께 올 것이다. 하나님의 온갖 축복이 올 것이다.

우리는 성령 충만을 원한다. 깨끗한 마음을 원한다. 원칙을 품고 살기 원한다. 고귀한 사랑, 모든 것을 뛰어넘는 사랑을 원한다. 그러나 하나님을 떠나서 그것들을 구한다면 오직 가시 돋친 장미를 얻게 될 것이다. 하지만 하나님을 구한다면 이 모든 것들도 하나님 안에서 얻게 될 것이다. 예수 그리스도를 통해 친밀하게 하나님을 알아 가라는 권면은 천 번, 만 번이라도 해 주고 싶다.

하지만 여러분은 말한다. "난 그리스도를 영접하고 회심했어." 아주 훌륭한 일이다. 하지만 하나님을 아는가? 바울 역시 회심했고 세상에서 훌륭한 그리스도인이었다. 하지만 "내가 그리스도와 그 부활의 권능과 그 고난에 참여함을 알고자 하여 그의 죽으심을 본받"으려 한다고 편지에 썼다(빌 3:10). 그리고 그가 말한 대로 주 그리스도 예수를 아는 가장 고상한 지식을 향해 멈추지 않고 나아갔다.

형제자매들이여, 이것이 우리가 창조된 이유다. 어떤 이는 더 깊은 영적 삶이 무엇인지 알고 싶어 한다. 나는 이제 더이상 이 말을 쓰고 싶지도 않을 정도다. 사람들이 더 깊은 영적 삶에 대해 이야기하지만 아무도 하나님 자신을 원하지 않는 듯해서, 이제 그 말을 듣는 것조차 꺼려진다. 하나님은 더깊은 생명이시다. 예수 그리스도는 더 깊은 생명이시다. 삼위일체 하나님에 대한 지식에 더 깊이 빠져들수록 내 마음은 하나님 아버지께 더 나아간다. 내 존재는 더욱 줄어들고하나님의 존재는 더욱 커지며, 삶은 하나님 안에서 더 깊고굳건해진다.

오, 내가 하나님을 알 수 있다. 무엇이든지 내가 하나님을 알지 못하도록 막는다면 그것은 내 원수다. 하나님과 나사이에 버티고 서 있는 게 친구라면 그 친구는 내 원수다. 하나님과 나 사이를 가로막고 있는 것이 은사라면 그 은사는 내원수다. 하나님과 나 사이에 꿈틀대고 있는 것이 야망이라면그 야망은 내 원수다. 내가 한때 패배를 경험했고, 그 패배로인해 위축되며, 그 패배가 하나님과 나 사이를 가로막고 있다면, 그것을 잊어야 한다. 지나간 모든 것을 잊고 앞을 향해 계속 나아가야 한다. 또한 만약 한때 이루었던 승리가 나와 하나님을 아는 지식 사이를 가로막고 있다면 그 승리를 잊어버려야 한다. 그래야 우리가 직접 하나님을 알 수 있다.

어떤 이들은 하나님을 발견하고 있다. 어떤 이들은 변함

없이 앞으로 나아간다. 어떤 이들은 새롭고 풍부하고 깊고 놀라운 방식으로 주님을 발견한다. 여러분 자신의 갈망하는 마음이 무언가를 말하고 있다. 여러분 내면의 갈망은 여러분이 미처 알지 못하는 더 큰 무언가를 말해 준다. 여러분이 지성적으로 명확하게 알지 못할지라도 여러분의 마음은 하나님을 부르짖어 찾으며, 바울이 알았던 것처럼 하나님을 알기 원하고 있다. 오랜 세월에 걸쳐 하나님이 계시하셨고 성도들이 경험해 온 그것을 알고 싶어 한다. 떨치고 일어나서 무엇이든 지나간 것은 잊어버리고 모든 것을 여러분의 발아래 둘 영적인 용기와 믿음을 얻기 위해 하나님을 찾아야 한다. 우정이든 야망이든 희망이든 계획이든 은사든 승리든, 여러분을 주 예수 그리스도를 아는 지식으로부터 가로막는 것은 무엇이든 발밑에 던져 버려야 한다.

Toward a More
Perfect Faith

제4부

그리스도 안에서
온전함에 이르다

11장

복음으로 얻은
자유의 힘

목회 사역을 해 오면서 이 책에서 전하는 내용을 연구할 때보다 더 많은 시간과 수고를 들이고 더 많이 기도해야 했던 적은 없었다. 내가 그런 노력을 기울였을 뿐 아니라 이 연구가 너무도 중요하기 때문에 사탄은 하나님의 목적을 훼방하기 위해 한시도 공격의 고삐를 늦추지 않았다. 사탄은 다른 사람들의 삶에서도 이렇게 하나님의 목적을 훼방하고 있다. 그리스도 안에서 온전함에 이르는 단계들을 연구하는 동안 나는 마치 생생한 지옥과 마주하고 있는 느낌이었다.

사탄과의 대적을 피할 수 없다

나는 하나님께 질문하지 않은 것들이 얼마간 있다. 딱히 궁금하지 않기 때문이다. 하지만 최근 몇 년 동안 하나님께 계속 질문한 것이 있다. 내가 대단한 선지자로 쓰임받지 못한다 해도, 적게라도 선견자(seer)의 역할을 할 수 있을지 하나님께 여쭈었다. 그리스도의 교회에는 밝히 보지 못하는 사람들이 넘쳐나서 나는 그들이 볼 수 있도록 돕고 싶다. 또한 지금 무슨 일이 일어나고 있는지 그냥 알기보다는 그것이 하나님의 전체 계획 속에서 어떤 의미를 갖는지 꿰뚫어 보고 이해하며 분별하면서 알고 싶다. 특정하게 예언만 가리키는 것이 아니다. 비록 예언을 하고 싶긴 해도 말이다. 오히려 나는 상황을 자세히 살펴보고 하나님이 보시는 것처럼 볼 수 있기를 원한다. 오늘날의 신앙적 혼란 가운데서 하나님의 뜻을 알고 싶다.

분별력을 지니는 것은 함께 살아가기 쉬운 사람이 되거나 많은 사람을 끌어 모을 수 있다는 뜻은 아니다. 분별력이 있다면 많은 무리를 보살피느라 치안 문제까지 염려해야 할 정도로 하나님의 예배당을 사람들로 가득 채우지는 않을 것이다. 분별력을 갖게 되면 우리는 원수 마귀와 대면할 수밖에 없다. 평생 하나님 말씀을 전하면서 살지만 영적 전쟁터 가까이는 가 본 적이 없고, 그리스도의 군복을 입었지만 평생 한 번도 불타는 화약 냄새를 맡아 본 적이 없다면, 얼마나 끔찍한 일인가? 하지만 그럴 수도 있다. 분별력과 지식이 부족하면, 이해와 선지자적 통찰력이 부족하면 안이한 삶과 인기를 얻는 대신 영적 여정의 치열함은 잃어버릴 것이다.

복음 전도자나 교사 또는 복음 사역자로서의 일상을 살

아가면서 한 번도 실전에서 마귀와 대면해 보지 않았을 수도 있다. 나는 최근 몇 주 동안 마귀를 서너 차례 만났고 그것을 느낄 수 있었다. 투쟁과 전투와 상처와 고통이 있다. 나는 그것이 예수님께서 그분의 백성 안에서 되살아나고 계심으로써 비롯된 충돌이라고 믿는데, 여러분도 더러 그것을 느껴 보았을 것이다. 아마도 여러분은 이 연구로 인해 하나님 안에서 더 새롭고, 축복되고, 행복한 경험을 하게 되었을 것이다. 그것은 단지 시작일 뿐이다. 그리고 아마도 여러분은 갈등과 여러분의 이마에 닿는 뜨거운 숨결을 느끼고 자신이 마귀와 대면하고 있음을 깨달았을 것이다. 나는 마귀가 싫다. 싸우는 것도 싫다. 유황 냄새 속에서 기도하는 것도 싫다. 기도 중에 마귀를 만나는 것도 싫다. 하지만 필요하다면, 하나님이 나를 용서해 주시고 그곳에서 도망치지 않게 도와주신다.

주님이 주신 자유를 누리지 못하는 교회

우리는 그리스도인의 삶에서 성숙으로 나아가는 단계들을 보았으며, 우리의 성공을 가로막는 큰 장애물이 무엇인지 알게 되었다. 그렇다. 우리는 "나사로야, 나오라"라고 말씀하시는 예수님의 음성을 들었고 적어도 우리가 일어나 무덤에서 나왔음을 알고 있다. 하지만 왜 수의를 벗어 던지고 자유로워지지 못하는가? 자유의 결핍은 그리스도의 교회에서 큰 장애물 가운데 하나다.

내 생각에 우리의 가장 큰 장애물은 마귀이자 사탄이라는 어둡고 사악한 적, 아무 소용이 없을 것을 알면서도 그리스도인을 정죄하느라 온 힘을 쏟고 있는 늙은 뱀이라는 실체다. 하나님의 자녀가 하나님의 손안에 있고 자신이 의롭다 선언되었음을 알 때 마귀는 하나님의 자녀를 정죄할 수 없음을 안다. 하지만 마귀는 우리의 영혼을 가두어 두려고 한다. 그것이 마귀의 일이다. 마귀는 우리의 영혼을 가두거나 자신의 모습을 계속 바꾼다. 우리가 살아 있는 것을 막을 수 없다면, 마귀는 우리를 수의로 휘감아서 죽은 사람이나 다름없게 만든다. 그리고 우리의 유산을 빼앗는다.

의심할 여지 없이 우리는 수백만 달러를 물려주겠다는 유언을 남긴 큰 부자의 자녀들과 비슷하다. 그런데도 우리는 여전히 누더기를 걸치고 낡은 막대기로 골목을 헤집으며 버려진 빵 부스러기를 찾고 있다. 그 부스러기를 먹는 동안 하늘에 계신 아버지를 찬양한다. 차가운 바람이 누더기 옷 속으로 파고들고 낡은 신발 사이로 발가락이 드러난다. 사실 우리는 그리스도 예수 안에서 미다스 왕만큼 부유하며 솔로몬보다 더 부유하다. 그러나 우리는 그 부요함으로 아무것도 하지 않는다. 사탄이 바삐 움직이며 우리가 길을 잃게 하는 데 전념하고 있기 때문이다.

오늘날 대부분의 복음주의 교사는 내 주장에 동의할 것이다. 그리스도인이 악령에 사로잡힐 수는 없지만, 그의 영혼이 짓눌리고 위협받고 말을 못하게 되고 억압당할 수 있다. 마귀의 일은 억제하고 침묵시키는 것이다. 마귀는 우리로 하여금 계속 싸우고 침묵하고 겁먹게 함으로써 우리가 살아 있어도 간신히 목숨만 부지할 수 있기를 바라도록 만든다.

사울 왕이 다스리던 때에, 이스라엘과 적국 블레셋이 대치하고 있었고, 그들 사이에는 골짜기가 있었다. 사울 왕이 이스라엘 군사들을 이끌고 있었지만 그들은 모두 겁에 질려 있었다. 키가 3미터가 넘는 거인이 대문짝만 하고 털이 덥수룩한 자신의 가슴을 치며 돌아다니면서 "내가 오늘 이스라엘의 군대를 모욕하겠다"라고 소리치고 있었기 때문이다. 그의 도발은 다윗이라는 젊은이가 나서기 전까지 한동안 계속되었다. 주님의 성령이 다윗에게 임했다. 다윗은 말했다. "그로 말미암아 사람이 낙담하지 말 것이라 주의 종이 가서 저 블레셋 사람과 싸우리이다"(삼상 17:32). 그것은 이스라엘 군사들이 전장에서 받은 첫 번째 격려였다. 그들은 모두 살아 있었다. 하나님의 백성이었다. 그들은 하나님의 용사들이었지만 거인이 그들을 모욕했을 때 두려움에 압도되어 우두커니 바라보기만 할 뿐, 차마 입을 열지 못했다.

　나는 영적 진보를 이루고자 하는 교회라면 모두 이 문제를 놓고 고심해야 한다고 생각한다. 깨닫든 깨닫지 못하든 우리는 끊임없이 마귀에게 모욕당한다. 그리스도인들은 피상적인 삶에서 벗어나 이 문제에 대해 진지하게 생각하고 이 땅에서 하나님이 우리에게 주신 모든 것을 가지겠다고 결심해야 한다. 마귀는 여러분을 쉽게 포기하지 않을 것이다. 장담할 수 있다.

나는 무엇을 두려워하는가

　우리가 겁에 질린 양 떼라는 데는 의심의 여지가 없다. 예수 그리스도는 이 땅에 오셔서 친히 우리의 몸을 입으셨다. 그분은 여인에게서 태어난 진정한 인간으로서 인간의 본성을 입으셨다. 그분은 또한 하나님이셨고 십자가에 달려 자신을 희생 제물로 드리셨다. 전능하신 하나님이 자신을 단 한 번, 마지막이자 최종적인 희생 제물로 드림으로써 유대의 제단에서 드려진 모든 희생 제사를 종결하셨다. 그리고 무덤에 사흘 동안 계시다가 나오셨다. 또한 얼마 후, 하나님 우편으로 올라가서서 천군들의 환호를 받으며 앉으셨다. 그곳에서 그분은 살아 계신 사람으로서 우리의 대표자가 되셨다. 우리는 드넓은 세상에서 가장 두려움이 없고, 가장 느긋하고, 자신이나 하나님에 대해서 가장 확신이 넘치며, 가장 행복한 사람이 되어야 한다. 그럼에도 불구하고 우리는 그렇지 못하다. "내가 오늘 이스라엘의 군대를 모욕하겠다"라고 소리친 골리앗처럼 마귀가 우리를 겁박하기 때문이다. 이제 어떻게 해야 할까? 우리는 무엇을 두려워하는가?

나는 하나님께서 내가 무엇을 두려워하는지 이해하도록 도우셨다고 믿는다. 우리는 자유로울 수 있음에도 자유로워지지 못하고 있다. 그저 행복한 그리스도인이 되지 못하고 있다. 우선, 우리는 과거의 죄를 두려워한다. 죄는 정말 끔찍한 것이고 하나님도 우리도 마귀도 모두 그것을 알고 있으며, 마귀는 우리를 따라다니며 우리 죄를 상기시켜 준다. 우리가 거듭났기 때문에 마귀가 우리를 계속 정죄할 수 없다면 마귀는 우리를 작은 새장에 가두어 둔다. 마귀가 우리 날개를 잘라 버려서 우리는 날지 못한다. 우리는 자신의 죄가 사라졌다고 주장하지만 사실은 그 말의 절반쯤만 믿는다. 어째서 우리는 죄가 사라졌다고 말하면서도 마치 그렇지 않은 것처럼 행동할까? 우리의 죄가 사라지지 않았다면 왜 그것이 사라졌다고 말하는가?

여러분은 우주의 최고 법정에서 무죄를 선고받았다. 그

런데 왜 겁에 질려 있어야 하는가? 잘못을 저지르지도 않고 하나님을 깊이 사모하는 어떤 그리스도인들도 자유로워지기 위해 고군분투한다. 여러분은 좀 더 빨리 도망치려고 애쓰다 가 매번 수의 자락에 걸려 넘어진다. 사탄은 여러분을 겁에 질리게 하려고 여러분의 지나간 죄를 이용한다.

친애하는 마이스터 에크하르트(Meister Eckhart)는 이렇 게 말한 적이 있다. "하나님은 사람을 용서하시고 그 후에는 그 죄를 잊으시며 결코 다시 생각하시지 않는다. 하나님이 사람을 용서하시면 죄를 짓지 않은 사람처럼 그를 신뢰하신 다." 나는 하나님이 사람을 신뢰했다는 말을 들어본 적이 없 다. 하지만 내면생활의 대가였던 마이스터 에크하르트는 하 나님이 사람을 용서하시며 "이 친구는 나쁜 기록을 갖고 있으 니 지켜볼 필요가 있다"라고 말씀하시지 않는다고 했다. 이 제 그리스도 안에 있는 사람은 마치 자신이 방금 창조된 것처 럼, 과거가 전혀 없는 것처럼 새롭게 시작한다.

우리를 위협하는 또 다른 한 가지는 실패에 대한 기억이 다. 사탄은 결코 그것을 잊지 못하게 하려고 한다. 여러분이 실패하면 사탄이 와서 성령 충만한 삶을 망치는 큰 잘못을 저 질렀다고 여러분을 비난할 것이다. "네가 저지른 실수를 봐. 얼마나 많이 넘어져서 상처투성이가 되었는지를 봐." 성경 은 한 사람이 일곱 번 넘어지면 일곱 번 일어난다고 말씀하신다. 문제는 여러분의 실패에 있지 않고, 여러분이 허용하면 마귀가 그 실패에 관해 여러분이 쓰라린 마음을 품게 한다는 것이다.

하나님이 구원을 베푸셨을 때 그분은 이미 여러분이 어떤 사람인지 알고 계셨음을 잊었는가? 이사야 48장에서 하나님은 친히 말씀하셨다.

> "네가 과연 듣지도 못하였고 알지도 못하였으며 네 귀가 옛적부터 열리지 못하였나니 이는 네가 정녕 배신하여 모태에서부터 네가 배역한 자라 불린 줄을 내가 알았음이라"(사 48:8).

마귀는 말한다. "하나님은 나만큼 너를 알지 못하셔. 나만큼 너를 지켜보지 못했어. 그때가 기억나지? 그 일이 기억나지?" 그것이 마귀가 하는 말이다.

그러나 하나님은 말씀하신다.

> "내 이름을 위하여 내가 노하기를 더디 할 것이며 내 영광을 위하여 내가 참고 너를 멸절하지 아니하리라 보라 내가 너를 연단하였으나 은처럼 하지 아니하고 너를 고난의 풀무 불에서 택하였노라 나는 나를 위하며 나를 위하여

이를 이룰 것이라…"(사 48:9-11).

하나님은 그리스도인과 이해관계가 있으시며, 하나님 자신을 위해 그 일을 하실 것이다. 여러분이 배신자임을 하나님이 몰랐다고 생각하지 말라. 하나님은 아담의 오염된 피가 여러분의 핏줄에 흐르는 것을 알고 계셨다. 여러분의 신경계가 수천 년 동안 유전적 오염으로 악화된 아담의 신경계임을 알고 계셨다. 그 모든 것을 다 아셨지만 그분 자신을 위해 이 일을 하실 것이라고 말씀하신다. 형제자매여, 자신을 바라보지 말라. 하나님은 예수님을 위해, 그분의 영광스러운 이름을 위해 여러분을 축복하실 것이다.

실패와 약점 때문에 낙심하지 말라

이 세상에 하나님께서 그를 위해 무엇이든 하실 수 있을 만큼 충분히 선한 사람이 있다고 생각한다면, 여러분은 죄를 전혀 모르는 것이다. 그리고 하나님이 그분 자신을 위해 못 하실 일이 있다고 생각한다면, 여러분은 하나님을 모르는 것이다. 과거의 실패 때문에 낙심하지 말라. 하나님은 여러분에 대해 모든 것을 알고 계신다. 여러분은 사람들에게 책임이 없다. 하늘에 계신 아버지와 하나님 우편에 계신 예수 그리스도 앞에서만 책임이 있다. 그러니 실패에 좌절하지 말라.

우리가 자유를 얻지 못하는 또 다른 원인은 우리의 약점 때문이다. 우리는 모두 자신이 얼마나 연약한지 안다. 감사하게도 몇몇 사람은 주저 없이 다음과 같이 고백할 것이다. "주님, 주님은 제 모든 약점을 알고 계십니다. 주님은 제가 약할 때 강하다는 것을 알고 계십니다." 우리 중 어떤 사람들은 강가에 서 있지만 강을 건너가려 하지 않는 겁에 질린 양들과 같다. 우리는 가데스 바네아나 요단강에 있으며, 분별 있는 그리스도인이라는 평판을 잃을까 두려워서 건너가기를 두려워한다.

많은 사이비 종교 집단은 그들의 형편없고 뒤틀린 교리를 지키기 위해 기꺼이 감옥에 갇히고, 신체가 잘리고, 공동체에서 쫓겨나고, 조롱받기를 자처한다. 그러나 그리스도인은 존경받으며 평탄하게 살기 원한다. 여러분은 존경받을 만한 기독교인일지는 모르지만, 하나님께서 여러분이 받는 그 존경을 빼앗아 가시기 전까지는 절대로 여러분이 있어야 할 곳에 이르지 못할 것이다. 우리는 찰스 웨슬리의 찬송을 부르지만, 그가 당시의 매우 건전한 그리스도인들에게 어리석은 사람 취급을 받았다는 사실을 잊고 있다. 우리는 찰스 피니의 말을 인용하지만, 그는 항상 주변에서 그에게 눈살을 찌푸리며 그를 무시했던 주변 사람들과 갈등을 겪었다.

하나님과 더 깊이 동행하면 할수록 여러분은 좋은 평판을 잠시 잃을 수도 있다. 그러나 시간이 지나면 사람들은 다시 천천히 돌아올 것이다. 나는 몇 년 전에 비난을 받기도 했고 심지어 자유주의자라는 꼬리표까지 달았다. 도대체 그들이 어떻게 그런 결론을 내릴 수 있었는지 모르겠다. 차라리 나를 다른 나라 사람으로 보도하는 편이 더 납득이 갔을 것이다. 그런 보도가 나간 것은 내가 겁에 질린 근본주의자들과 격식을 차리는 경직된 말로 대화하기를 그만두고, 보다 깊은 영적 삶에 대해서 설교하기 시작했기 때문이다. 그래서 그들은 나를 자유주의자라고 비난했다.

광신도라는 말을 들을까 봐 두려워하는 사람들이 많이 있다. 사탄은 종종 사람들을 과격한 극단으로 몰고, 신앙적으로도 극단에 빠지거나 배척당할지 모른다는 두려움을 떠안게 만든다. 사람들은 두려워한다. 왜냐하면 사탄이 "네가 그 일을 한다면, 너 혼자서 해야 해"라고 속삭이기 때문이다. 마귀는 거짓말쟁이이자 거짓의 아비요 살인자다. 그는 여러분을 난처하게 만들고자 할 때를 제외하고는 결코 진실을 말하지 않는다. 그가 들려준 적이 있는 유일한 진실은 여러분이 어떻게 죄를 지었는지, 어떻게 타락했는지, 여러분의 실패와 약점이 무엇인지 상기시켜 준 것뿐이다. 그것은 진실이지만 여러분을 파괴하는 데 사용되는 진실이다.

그리스도의 교회에는 내가 분명히 식별할 수 없는 정체 모를 내적 냉기가 감돌고 있다. 우리는 자신이 얼마나 행복한지 이야기한다. 소리쳐 감사를 표현하고, 소리쳐 찬양하며, 기쁨을 주체하지 못한다. 우리는 교인들을 꽤 잘 통제해 온 편이다. 그렇지 않은가? 야구장에 갔다가 목이 쉬어서 돌아오는 사람은 많지만, 교회에서 목이 쉬어 집으로 오는 사람은 거의 없다. 우리의 마음에 그림자처럼 드리워진 알 길 없는 내적 냉기가 있다. 여러분이 아직도 수의를 걸치고 그늘 아래를 서성이는 것은 아닌지 자신을 잘 살펴보라. 우리의 모세이신 예수님이 우리를 구하러 오셨으며, 하늘에 올라가 하나님 오른편에 계신다. 천사들과 권세와 정사들이 그분의 시중을 들고 있다.

우리에게 승리를 주시는 예수 그리스도

십자가에 달렸던 인자 곧 예수님은 죽었다가 부활하셔서 하나님 보좌 우편에 앉아 계신다. 예수님은 영원히 살아 계신다. 예수님은 우리의 이름을 그분의 어깨와 가슴과 손에 부착하시고 이마에 거룩한 관을 쓰고 계신다(출 28:29-30 참조).

"누가 정죄하리요 죽으실 뿐 아니라 다시 살아나신 이는 그리스도 예수시니 그는 하나님 우편에 계신 자요 우리를 위하여 간구하시는 자시니라"(롬 8:34).

만약 여러분이 곤경에 처했을 때 북미 대륙 최고의 변호사가 여러분을 변호해 준다면, 오늘 밤 더 편히 잘 수 있을 것 같지 않은가? 그렇다면 기억하기 바란다. 여러분을 변호해 주는 최고의 변호사가 저 높은 곳에 계신다.

"무슨 일에든지 대적하는 자들 때문에 두려워하지 아니하는 이 일을 듣고자 함이라 이것이 그들에게는 멸망의 증거요 너희에게는 구원의 증거니 이는 하나님께로부터 난 것이라"(빌 1:28).

에베소서 4장 27절은 "마귀에게 틈을 주지 말라"라고 한다. 야고보서 4장 7절은 "그런즉 너희는 하나님께 복종할지어다 마귀를 대적하라 그리하면 너희를 피하리라"라고 한다.

기독교선교연맹의 초창기에는 찬송이 성가대 지휘자들이 좋아할 만큼 음악적이지 못했지만 어제와 오늘, 그리고 영원히 동일하신 분인 부활하신 구세주를 분명히 형상화했다. 그중에 "Jesus is Victor"(승리하신 예수님)라는 곡이 있다.

> 승리하신 예수님! 그분의 사역이 완성되었네
> 모든 원수를 발아래 짓밟으셨네
> 승리하신 예수님! 그분의 죽음은 헛되지 않네
> 부활하시어 영광을 받으셨도다, 예수께서 통치하시네
>
> 승리하신 예수님! 전투에서 이기셨네
> 우리는 아무것도 할 것 없네, 그가 모두 이루셨으니
> 승리하신 예수님! 티끌에서 일어난 원수는
> 다신 일어날 수 없으리, 우리가 믿기만 한다면

A. B. 심슨은 이렇게 작사했다.

> 쓰러져 가는 주님의 병사여,
> 들으라 달콤하고 기운찬 주님의 말씀
> '내가 네 모든 원수를 물리쳤도다
> 내가 네 모든 고난을 겪었도다
> 분투하는 병사여, 나를 믿으라
> 내가 너를 위해 승리했도다'

여러분이 그 누구를, 그 무엇을 이길 필요가 없다. 이미 예수님이 여러분의 승리자이시다.

두려워하지 말라, 비록 적이 강할지라도
쓰러지지 말라. 비록 투쟁이 길지라도
믿으라, 영광스러운 대장의 능력을,
조금만 지켜보라, 그분과 함께
그분의 부름을 들으라, '나를 따르라,
내가 너를 위해 이겼노라.'

여러분은 승리하신 구세주 덕분에 승리에 다가가고 승리를 이룰 능력이 있다. 스스로 할 필요가 없다. 어쩌면 스스로 하려고 노력하고 있을지도 모른다. 힘쓰고 긴장하고 땀 흘리며 이겨 내려고 노력할지도 모른다.

형제자매여, 내가 말해 주겠다. 제사장이 성소에 들어갈 때는 양털 옷을 걸치도록 허락되지 않았다. 세마포를 입어야 했다. 성경에 따르면, 누구도 제단 앞에서 땀 흘리기를 바라지 않았기 때문이다(겔 44:15-18). 인간의 땀은 그리스도의 승리를 보여 주지 못한다. 우리를 죄에서 구원하기 위해서는 피와 땀과 눈물과 죄로부터 구원하기 위한 죽음이 필요했다. 우리에게 승리를 안겨 주기 위해서는 승리의 부활과 승천이 필요했지만, 여러분과 내게는 단지 신뢰, 주 예수님을 믿는 신뢰만이 필요하다.

무거운 짐을 떨쳐 내기 위한 기도

무거운 짐을 지고 또 다른 짐을 지기 시작하면 기도하고 성경을 읽어도 짐에서 벗어날 수 없다. 짐에 눌린 여러분에게 또 다른 짐들이 계속 올려진다. 그러면 육체적으로 지치고 피곤해진다. 하늘에서 받은 믿음으로 "하나님, 이제 더는 못 참겠어요. 더 이상 이 무게를 견딜 수 없어요. 이 내적 갈등은 하나님에게서 오지 않고 원수 마귀에게서 왔으니, 이제 저는 더 이상 참지 않겠어요"라고 기도해 보라. 내가 이렇게 기도했을 때 짐이 사라지기 시작했다. 여러분은 이리저리 걷어차일 필요가 없다. 하나님은 여러분을 축구공으로 만들지 않으셨다. 하나님은 여러분이 겸손한 마음으로 훈계받기를 원하셨으니 그분의 훈계를 받아들이라. 하지만 마귀가 장난을 치기 시작하면 용감하게 저항하라.

한번은 동부의 어느 도시에서 벗어날 길 없는 무거운 마음의 짐과 부담을 안은 채 걷고 있었다. 그 짐은 점점 커지고 있었다. 그러다 불현듯 "하나님, 더 이상은 안 돼요. 더 이상

참을 수 없어요"라고 말했다. 그러자 바로 그 순간 그 짐을 마음에서 떨쳐 버릴 수 있었고 다시는 괴롭힘을 받지 않았다. 그것은 하나님을 거역하는 일이 아니다. 마귀를 대적하고 하나님을 믿는 것이다. 하나님은 우리 형제들의 그런 용기를 사랑하신다.

이제 그리스도인들은 부활하신 예수 그리스도께 대한 기꺼운 믿음으로 일어나 "더 이상 이것을 참지 않겠어. 난 하나님의 자녀야. 왜 하루 종일 슬퍼해야 하지?"라고 말해야 할 때다. 여러분이 사는 한 짐은 계속 생겨날 것이다. 나는 실제적인 경험을 통해 이것을 알고 있다. 나는 신경 쇠약, 일에 대한 압박감, 탈진 등으로 병원에 입원할 정도의 침체를 겪다가 극적으로 벗어났던 적이 있다. 그 비결은 불현듯 "하나님, 이제 지긋지긋해요"라고 말할 수 있었다는 것이다. 그러자 하나님은 "괜찮다, 아들아. 네게 그 말을 듣고 싶었단다. 네가 지긋지긋하다고 말하길 기다렸단다. 마귀가 계속 널 괴롭힐 때 네가 얼마나 버틸지 보려고 기다리고 있었어"라고 말씀하셨다. 그리고 그 짐을 거둬 가셨다. 그러니 겁에 질린 불쌍한 양들이여, 하나님 오른편에 계신 부활하시고 전능하신 구세주의 이름으로 간청해 보지 않겠는가?

12장

포기할 수 없는
믿음의 길

이 연구를 통해 내가 전하는 가르침은 주로 빌립보서 3장 7-15절에 나오는 바울의 간증에 기초를 두고 있다. 다음은 주님과 그분의 제자들이 실제로 사용했던 언어인 아람어에서 매끄럽게 옮겨 본 본문이다.

> "그러므로 이 의를 통하여 예수님과 그의 부활의 능력을 알게 되고, 그의 고난과 죽음에까지도 참여하기를 원합니다. 또 어떤 방법으로든 죽은 자들 가운데서 부활하기를 바랍니다. 마치 내가 이미 이루고 이미 온전해진 것처럼 여기지 않고, 예수 그리스도께서 나에게 맡기신 임무를 이루기 위해 온 힘을 쏟습니다. 나의 형제들이여, 나는 목표에 다다랐다고 여기지 않습니다. 내가 하는 오직 한 가지는 내 뒤에 놓인 것은 모두 잊고 내 앞에 놓인 것들을 위해 분투하는 것입니다. 예수 그리스도를 통한 하나님의 가장 높은 부르심의 승리의 상을 받으려고 목표를 향해 힘차게 나아가는 것입니다. 그러므로 여러분 가운데 완

전한 사람들은 이것을 깊이 헤아려 보십시오. 만약 여러분이 이와 달리 생각한다면, 하나님은 그 생각조차 밝히 드러내 보이실 것입니다"(빌 3:10-15, Holy Bible from the Ancient Eastern Text).

사도 바울은 자신이 완벽하지 않다고 말한다. 그리고 다른 사람들에게도 이 점을 생각해 보라고 말한다. 지금까지 나는 주님을 구하자고 여러분에게 권했다. 나의 이러한 초청은 호세아 6장 1-3절에서 다른 방법으로 표현되고 있다.

"오라 우리가 여호와께로 돌아가자
여호와께서 우리를 찢으셨으나 도로 낫게 하실 것이요
우리를 치셨으나 싸매어 주실 것임이라

여호와께서 이틀 후에 우리를 살리시며
셋째 날에 우리를 일으키시리니
우리가 그의 앞에서 살리라

그러므로 우리가 여호와를 알자 힘써 여호와를 알자
그의 나타나심은 새벽 빛같이 어김없나니
비와 같이, 땅을 적시는 늦은 비와 같이 우리에게 임하시리라 하니라"

또한 잠언 4장 18절은 "의인의 길은 돋는 햇살 같아서 크게 빛나 한낮의 광명에 이르거니와"라고 말씀한다.

예나 지금이나 영원토록 동일하신 하나님

나는 마르틴 루터와 똑같은 간증을 외친다. 여러분은 루터의 기도를 기억할 것이다. "주 예수님, 당신은 나의 의요, 나는 당신의 죄입니다." 이것은 나의 기도이기도 하다. 예수님이 지니신 유일한 죄는 나와 루터와 여러분의 죄다. 그리고 우리가 지닐 수 있는 유일한 의는 그분의 의다. 우리가 바울과 함께 "내가 이미 얻었다 함도 아니요 온전히 이루었다 함도 아니라 오직 내가 그리스도 예수께 잡힌 바 된 그것을 잡으려고 달려가"고 있음에도(빌 3:12), 내 가르침의 요지는 이것이다. "주 예수님, 당신은 나의 의요, 나는 당신의 죄입니다."

이상하게 들릴지 모르지만, 성경이 말하는 바를 직접 경험하면서 깨우쳐 가면 얼마나 즐거운지 모른다. 우리의 대적인 마귀가 우는 사자처럼 두루 다니며 삼킬 자를 찾는다. 그러면 우리는 그가 포효하는 소리를 들을 수 있을 만큼 가까이 다가간다. 하지만 대부분 마귀에게 바싹 다가가거나 그 소굴로 들어가지는 않는다. 단지 마귀가 포효했다는 말만 들을 뿐이지 직접 그 소리를 듣지 않는다. 마귀가 포효한다는 것만 알 뿐이지 그 소굴 속으로 직접 들어가 본 적은 없다. 오직 우리가 해야 할 일은 그리스도인으로서의 삶에 더 깊숙이 들어가는 것이다. 그러면 오히려 마귀의 소굴로 들어가게 될 것이다. 그곳에서 마귀가 사자처럼 포효하는 소리를 들을 것이며 마귀는 여러분을 뒤쫓을 것이다. 이것은 성경 전체에 흐르는 생각 중 하나다.

매우 감동적인 짧은 성경 구절로, 영적 성숙을 이루는 것에 대한 이 가르침을 마무리하려고 한다. 히브리서 13장 8절 말씀이다. "예수 그리스도는 어제나 오늘이나 영원토록 동일하시니라." 결코 변치 않으시는 주님께 시선을 집중하기 바란다. 우리는 교리가 아니라 주 예수 그리스도를 살펴보고 있다. 모든 교리의 주인이신 주님을 살펴보고 있다. 모든 진리가 흘러나오는 근원이며 진리 자체이신 분을 살펴보고 있다. 교리는 우리의 이해를 돕는 구체화된 진리일 뿐이다. 그러니 어제나 오늘이나 영원토록 동일하신 모든 진리의 근원이신 예수 그리스도께 나아오라. 지금 이 시각까지 예수 그리스도에 관한 어떤 것도 변하지 않았다. 그분의 사랑은 변하거나 식지 않는다. 또한 증가하지도 않는다. 왜냐하면 이미 우리에게 무한한 사랑을 베푸시기 때문이다. 우리는 무한을 더 늘릴 수는 없다. 예수님의 목적이나 관심사는 변함이 없다. 그분은 여전히 같은 것에 관심이 있다. 그분의 목적은 여전히 동일하다. 우리에 대한 그분의 이해에도 여전히 변함이 없다.

돈이나 더 높은 지위를 주면 사람은 쉽게 변한다. 자각하지 못할 수도 있지만 변한다. 교만해지고 냉담해지고 동정심이 없어진다. 고개를 치켜들고 걸으며, 옛 친구들이 눈에 들어오지 않는 듯 행동한다. 하지만 우리 주 예수 그리스도는 죽은 자들 가운데서 부활하시어 하늘에 계신 전능자의 우편에 앉으시고, 만물 위로 교회의 머리가 되시고, 모든 이름 위에 뛰어난 이름을 받으시며, 모든 무릎을 예수님의 그 이름에 꿇게 하시고 모든 입이 주님의 이름을 시인하게 하셨으며, 하늘과 땅의 모든 권세와 권능을 받으셨지만, 그분은 여전히 바로 그 동일한 예수님이시다. 어제나 오늘이나 영원토록 동일하시다. 그리고 무한한 권세를 지니고 주님과 그리스도가 되셨으나 조금도 변하지 않으셨다. 그분은 바로 동일하신 그 예수님이시다.

우리는 다음과 같은 찬송을 부르곤 했다.

죄인이여, 살아 계신 분께 나아오라
그는 동일하신 예수님
과부의 아들을 살리셨을 때와
똑같은 바로 그 예수님이시라네

와서 아뢰어라, 너의 모든 슬픔과 두려움
그는 동일하신 예수님
사랑의 눈물을 흘리셨을 때와
똑같은 바로 그 예수님이시라네

그분께 나아와 밝은 빛을 받으라
그는 동일하신 예수님
눈먼 자들을 보게 하셨을 때와
똑같은 바로 그 예수님이시라네

동일하신 예수님
놀라운 일을 행하시는 예수님
오, 그분의 이름을 찬양하라!
그분은 언제나 동일하시다네

예수 그리스도는 언제나처럼 지금도 동일하시고 또 영원

토록 동일하실 것이다. 여러분은 하나님 아버지 우편에 계신 여러분과 같은 형상을 지니신 형제에 대해 탐구하고 있다. 여러분의 모든 문제와 약점과 죄를 아시는 분, 그럼에도 여러분을 사랑하시는 분이다. 예수님은 하나님 아버지 앞에서 여러분을 전적으로 책임지신다. 그분은 우리를 비추시는 태양이시다. 밤하늘의 별이시다. 우리 희망의 반석이시다. 생명이며 생명을 주시는 분, 우리의 안전과 미래, 우리의 의와 거룩함이시다. 우리의 유산이시다. 그분은 이 모든 것이며, 언제나 응하시며 친근하게 다가오신다. 여러분은 오직 눈을 감고 믿음으로써 마음을 그분께 향하면 된다. 예수님을 향한 여정은 발이 아니라 마음으로 가는 여정이다. 여러분의 발은 어디든 있을 수 있지만, 오직 여러분의 마음만이 그 여정을 이룰 수 있다.

예수님을 사랑함이 그분을 위한 사역보다 우선이다

나는 《하나님을 감추는 구름》을 삶의 지침서로 따르기도 하고, 가끔씩 인용하기도 한다. 이미 말했듯 이 책은 약 600년 전에 나온 유명한 소책자다. 저자는 알 수 없지만 역사상 뛰어난 경건서 가운데 하나다. 이 책에서는 당시의 여느 책과 마찬가지로 마리아와 마르다에 대해 이야기한다. 마르다가 예수님을 어떻게 사랑했는지 보여 준다. 마르다에게 사랑이란 활동이었다. 그녀는 활동적인 여인이었다. 자신이 주님을 사랑한다면 항상 무언가를 하고 있을 것이라 믿었다. 이른바 활동적인 그리스도인이었다. 그녀의 자매인 마리아 역시 예수님을 사랑했다. 마리아에게는 사랑의 개념이 매우 달랐다. 마리아는 예수님의 신성에 대한 열렬한 사랑에 빠져 있었다. 마리아에게서 예수님의 신격에 대한 사랑의 탁월한 본보기를 볼 수 있다.

오늘날 교회는 활동을 강조한다. 활동을 위한 이벤트를 계속적으로 벌인다. 우리는 자주 춤추는 일본 쥐*처럼 보인다. 혹시 이 쥐에 대해 들어 본 적이 있는가? 이들은 춤추는 생쥐 또는 왈츠 추는 생쥐라고 불린다. 계속 뛰어다니기 때문이다. 활동적인 기독교인들은 언제나 끊임없이 활동 중이다. 교회 활동에 참석하거나 무언가를 하고 있지 않으면, 성과를 내지 못한다고 느낀다. 물 흐르듯 빠르게 움직이고 어디서 멈출지 아무도 모른다. 그리고 불행히도 그것이 영성이라고 믿는다. 바로 마르다가 그랬고 오늘날에도 많은 마르다가 있다.

---

* 귀 쪽의 유전적 결함으로 같은 장소를 빠른 속도로 빙빙 돈다고 한다.

《하나님을 감추는 구름》은 마리아가 예수님의 신성에 푹 빠져 있었다고 말한다. 나는 마리아가 마음에 든다. 마리아의 사랑은 전혀 다른 개념의 사랑이었다. 예수님은 마리아를 칭찬하시며 한 가지면 충분하다고 말씀하셨다. 마리아는 그것을 가지고 있었다. 그 한 가지는 무엇인가? 친애하는 저자에 따르면 "그것은 인간이 할 수 있는 다른 모든 육체적이거나 영적인 일보다 우선적으로 하나님을 사랑하고 찬양하는 것이었다." 오직 하나님만 사랑하는 것, 이제 이것은 낯설 뿐 아니라 거의 이단적으로 들릴 지경이다.

예수 그리스도께 나아갈 때 우리는 두 종류의 그리스도인이 될 수 있다. 첫째는 외향적인 그리스도인이다. 이들은 밖으로 나돌며 내면의 삶을 소홀히 하고 내적 삶에는 무지하다. 예수님이 제자들에게 온 세상에 나가 복음을 전하라고 하셨을 때도 "위로부터 능력을 받을 때까지 기다리라"고 하셨다(눅 24:46-49).

하지만 우리는 사람들이 거듭나자마자, 회심하자마자 자리를 박차고 나가기를 원한다. 전도지 한 묶음과 여러 성경 구절에 표시를 해 둔 성경책을 주고 "이제 얼른 나가서 복음을 전해요"라고 말한다. 하지만 주님은 그렇게 말씀하지 않으셨다. 주님은 우리가 예배하는 법을 배우고 내적인 경험을 쌓기 바라신다. 우리가 마음속으로 이해하고 성령의 은사를 지닌 채 주님의 일을 하기 원하신다.

몇 년 전 나는 휘턴칼리지 전임 총장인 올리버 버스웰 박사(Dr. J. Oliver Buswell)가 복음주의 교회가 아마추어리즘의 확산으로 고통받고 있다고 말하는 것을 들었다. 그는 그 말을 하는 가운데 자신이 어떤 선지자적 통찰력을 보여 주고 있는지 몰랐다. 오늘날 신앙적 아마추어들이 사방팔방으로 뛰어다니고 있다. 그리스도의 신성에 대한 사랑에 사로잡혀 예수 그리스도에게 집중하고 그분을 위해 살며 성령으로 충만해야 함은 까맣게 잊었다. 우리는 육체적이든 영적이든 세상에서 어떤 일을 하기보다 먼저 그분을 사랑하고 찬양해야 한다. 그러면 심도 있고 지속적이며 거룩한 활동은 거기서부터 시작할 수 있다.

이제 《하나님을 감추는 구름》에서는 미덕이란 다른 것이 아니라 분명하게 하나님을 향하는 의도되고 숙고된 애정이라고 말한다. '영적'이란 것이 무엇을 뜻하는지 아는가? 그것은 바로 의도되고 숙고된 애정 외에 다른 어떤 것도 아니다. 즉, 순간적으로 솟구치는 영성이나 감정이 아니다. 그 모든 것 이상이다. 약 600년 전 이 책을 썼을 당시 애정(affection)과 사랑(love)은 거의 같은 감정이었으며, 이 감정은 숙고할 때 갖게 되는 것이다. 그것은 예수님을 향한 깊은 숙고를 거친 사랑이었다.

세상에서 가장 다정한 스승

책을 마무리하면서 몇 가지 조언을 해 주고 싶다. 하나님을 갈망하고 그분을 알고자 열망하는 가운데서 사람 때문에 실족하지 말기 바란다. 사람은 불완전하다. 토마스 아 켐피스는 《그리스도를 본받아》에서 이렇게 말했다. "마음의 평화를 얻으려면 다른 형제들의 일을 너무 캐고 다니지 마세요." 마음의 평화를 원한다면 당신의 그리스도인 형제를 너무 자세히 살피지 말기 바란다. 그러면 그의 흠이 보일 것이기 때문이다. 아무리 훌륭해 보이는 사람도 모두 숨겨진 약점을 지니고 있음을 기억하라. 모든 성도들은 불완전한 구석이 있다. 우리가 앞으로 나아가지 못하도록 방해하기 위해 마귀가 사용하는 것이 바로 성도들의 불완전함이다. 그것에 걸려 넘어지지 말라.

언제나 기억하라. 예수 그리스도는 어제나 오늘이나 영원토록 동일하시며, 다른 제자들에게 해 주시지 않을 일을 한 제자에게만 해 주신 적이 결코 없다. 진리의 말씀을 올바르게 전한다고 여겨졌던 어떤 이들은 20세기에 접어들면서 다음과 같은 끔찍한 결정을 내렸다. 곧 마지막 사도가 죽었을 때 성령의 모든 은사도 끝났으므로 우리는 더 이상 은사를 사용할 수 없다는 것이었다. 어떤 근거로 그런 발상이 나왔는지 궁금하다. 그에 대한 성경 장과 절이 어디인지 물어보고 싶다.

어떤 사람은 성경의 표지가 닳을 정도로 늘 성경을 가까이하지만, 자신의 생각을 거기다 투영시켜 놓고는 "나는 하나님의 말씀을 옹호해요"라고 말하기도 한다. 그러나 때로 그들이 옹호하는 것은 전통에 따라 선조들에게 물려받은 하나님 말씀에 대한 그들의 해석이다.

언제나 그랬듯이 주님은 온유한 자들에게 동일하게 행하시는 분이다. 온유한 마음으로 하나님께 나아오는 사람을 결코 외면하지 않으신다. 그리고 애통하는 자들에 대한 주님의 태도("애통하는 자는 복이 있나니 그들이 위로를 받을 것임이요", 마 5:4)는 오늘날에도 갈릴리 언덕에서 그 말씀을 하셨을 때와 동일하다. 참회하는 자들에 대한 주님의 태도도 결코 변한 적이 없다. 주님은 그들의 죄가 얼마나 심한지 묻지 않으셨다. 오직 죄인이 진실하게 죄를 뉘우치고 있는지만 물으셨다. 자신의 죄를 뉘우치고 주님을 따르기 원한다면, 회개하고 그 죄에서 돌이킨다면, 주님은 마치 그들이 한 번도 죄를 지은 적이 없는 것처럼 대하셨다.

예수님은 오늘날 정직한 사람에게도 똑같이 행동하신다. 그분은 자신을 사랑하는 사람들에게 언제나 한결같으시다. 주님은 우리를 필요로 하지 않으신다. 그분은 스스로 충족하신 분이다. 그것이 그분의 속성 가운데 하나다. 세상이 창조되기 전, 우리 존재가 하나님의 마음속에서 희미한 생각에 불과하던 때도 그분은 하나님이셨고, 보좌를 둘러싼 스랍과 그룹들, 천사들과 천사장들이 날개를 퍼덕이며 "거룩하다 거룩하다 거룩하다 주 하나님 곧 전능하신 이여"(계 4:8)라고 외치고 있다. 호흡이 코에 있을 뿐인 여러분에게서 도대체 하나님이 무엇을 필요로 하시겠는가?

그래서 주님은 그분을 사랑하는 사람들에게 언제나 한결같으시다. 요한은 예수님의 품에 의지하고 누워 있기도 했으며, 주님은 그것을 기뻐하셨다. 요한은 '주의 사랑하시는 제자'라고 불렸다. 주님이 나머지 제자들을 사랑하지 않으신 것은 아니다. 그러나 그들은 요한만큼 주님께 화답하지 않았기 때문에 주님은 그들을 요한만큼 사랑할 수 없으셨다. 주님은 주님과의 동행을 구하는 자들에게 언제나 동일하시다. 이들은 주님과 함께 있기를 원한다. 주님은 그분의 신성에 대한 사랑에 빠진 사람들, 그분과의 동행을 구하는 사람들을 원하신다.

주님은 무지하고 곤경에 처한 사람들을 향해 한결같은 분이시다. 오늘날 무지하고 곤경에 처한 사람들은 너무 자주 세상의 상담가들에게 도움을 구한다. 그러나 나는 여러분이 여러분을 이해하고 여러분의 모든 것을 알고 있는 분을 찾으려면 어디로 가야 할지 말해 줄 수 있다. 그분은 프로이트나

융에게 상담 기술을 배우지 않으셨다. 주님은 여러분이 태어나기 전부터 여러분에 대해 모든 것을 알고 계셨다. 그리고 주님은 어제도 오늘도 그리고 영원히 동일하시다. 그러므로 만약 여러분이 무엇을 안다고 여기며 그분께 나아간다면 매우 차가운 대접을 받을 것이다. 그러나 아무것도 모름을 인정하며 나아간다면 세상에서 가장 다정한 스승을 얻을 것이다. 괴로운 마음을 안고 주님을 찾으면 그분은 그 괴로운 마음이 풀리도록 도우실 분이다.

우리에게 필요한 전부, 예수 그리스도

우리의 연구를 요약해 보면 다음과 같다. 여러분에게 필요한 전부는 하나님의 아들 예수 그리스도시다. 그분은 하나님이자 사람이시다. 죄인들에게 필요한 전부이며 가장 고귀한 성도가 바랄 수 있는 전부이다. 여러분은 결코 하나님을 넘어설 수 없다. 그분이 가르치실 수 있는 것을 여러분은 결코 모두 다 배울 수는 없다. 결코 그럴 수 없다. 그분은 세상이 존재하는 한 여러분의 선생이 되실 것이다. 무한하신 분이며 하나님이시기 때문이다. 여러분은 결코 졸업을 기대할 만큼 그분에 대해 충분히 알 수 없다. 하나님은 결코 졸업장을 주시지 않을 것이다. 정말 다행이지 않은가? 주님은 결코 졸업장을 주시며 "네가 이런저런 것들을 했으므로 … 이를 수여하노라"라고 말씀하시지 않을 것이다.

사도 바울은 결코 학위를 받은 적이 없다. 그는 "내가 이미 얻었다 함도 아니요"(빌 3:12)라고 말한다. 바울은 주 예수 그리스도와 함께 공부하는 인생 대학에 있었고, 자신의 의로움은 전혀 없이 앞을 향해 달려가고 있었다. 그가 하는 공부는 상아탑에 틀어박혀 소리 내 책을 읽고 필기하는 공부가 아니었다. 눈물과 고통과 고난과 거절과 박해와 시련과 수고와 비애 속에서 하는 공부였다. 그 모든 것에도 불구하고 그는 여전히 이렇게 말했다.

> "오직 내가 그리스도 예수께 잡힌 바 된 그것을 잡으려고 달려가노라"(빌 3:12).

여러분은 아마도 바울이 학위를 받았을지도 모른다고 말할 것이다. 그가 달려갈 길을 마쳤다고 말했기 때문이다. 때가 되었을 때 그는 자신이 "선한 싸움을 싸우고 달려갈 길을 마치고 믿음을 지켰다"라고 말할 수 있었다(딤후 4:7). 그 후 주님은 그가 고개를 숙이게 하셨고 로마의 검이 휘둘러졌으며 우리가 사도 바울로 알고 있는 그의 위대한 삶은 종지부를 찍게 되었다. 하지만 그것으로 그의 삶은 정말 끝났을까? 아니다. 왜냐하면 그가 "내가 의탁한 것을 그날까지 그가 능히 지키실 줄을 확신함이라"(딤후 1:12)라고 말하고 있는데, 그가 의탁한 것은 자신의 생명이었기 때문이다. 그가 예수님의 왼손 안에 있다가 칼이 내리쳐졌을 때 예수님의 오른손 안으로 넘어갔다고 말할 수도 있을지 모르겠지만, 분명한 한 가지는 그가 결코 예수님의 손을 벗어난 적이 없었다는 점이다.

나는 요한처럼 "하나님의 어린양을 보라"라고 말할 수밖에 없다. 주님을 온전히 믿기 바란다. 이제 앞을 바라보고 뒤로 물러서지 말라. 과거를 생각하지 말라. 다른 사람들이나 설교자와 교사들에게 걸려 넘어지지도, 자신의 무지와 잘못에 걸려 넘어지지도 말라. 아무도 여러분을 죽도록 칭찬하거나 죽도록 비난하지 못하게 하라. 일찍이 예루살렘 거리를 걷던 가장 거룩한 분도 마귀로 불린 적이 있음을 기억하라.

누구도 여러분을 비난하거나 가로막지 못하게 하라. 오직 힘차게 계속 나아가라. 여러분과 함께하시는 예수님이 이 땅을 떠나셨을 때의 바로 그분 예수님임을 알게 될 것이다. 더 밝은 빛을 향해 그분께 나아오라. 여러분에게 필요한 것은 예수님을 더욱더 가지는 것뿐이다. 오직 믿기만 하면 여러분은 하나님을 더욱 강렬하고 다양하고 깊이 경험하면서 변화되어 갈 것이다.

"온전한 믿음을 향해 계속 나아갈 것입니다."

주님, 지금 이 연구를 끝내지만 우리의 갈망과 의지와 목적을 끝낼 수는 없습니다. 우리는 계속 나아갈 것입니다. 우리는 산의 정상을 바라보고 있습니다. 나의 의가 아니라, 오직 믿음으로 하나님께 받은 그 의를 가지고 주님이 주실 상을 향해 꿋꿋이 나아갑니다.

주 하나님, 주님의 능력과 구원을 경험하게 하시니 감사드립니다. 이제 우리 앞에는 애굽을 나가서, 요단강을 건너고, 거룩한 땅으로 들어가서, 그 거주민들을 몰아내고 그 땅을 점령할 이 모든 일이 기다리고 있습니다. 기도하오니, 우리가 주님의 얼굴을 구하고 무슨 대가를 치르더라도 주님만 섬기리라는 조용하지만 확고한 결심을 우리 마음에 간직하도록 도와주소서.

우리 주 예수님께 기도합니다. 주님께서 갈급한 심령들

에게 올바른 책을 주시고 그들이 길을 잃지 않도록 주의 빛으로 말씀을 밝히 보여 주소서. 진리를 드러내 주소서. 장로들의 전통을 따라 당신께 간청하오니 우리를 구원하소서. 우리의 영적 상상력과 열망과 갈망이 솟구쳐 앞으로 도약하게 하소서.

교회가 점점 더 냉담해지고 신앙이 신약성경의 표준에서 점점 더 멀어지고 있으니, 우리가 마음을 굳건히 정하고 결심해 소돔의 롯처럼, 바벨론의 다니엘처럼, 가이사 집에 있던 성도들처럼 되게 하소서. 그리고 그들 모두가 그래야 했던 것처럼 우리의 환경을 넘어서고 주변의 신앙적 풍토를 넘어서는 삶을 살면서 주님 안에서 안식하겠습니다. 은혜로우신 아버지 하나님, 간청하오니 이를 허락하소서.

우리 주 예수의 이름으로 기도합니다. 아멘.

설교 출처

A. W. 토저가 1957년 1월부터 3월까지 일리노이주 시카고에 있는 사우스 사이드얼라이언스교회에서 설교한 시리즈다. 원본 오디오 테이프에서 녹취했다.

1장: "Considering Perfection in the Christian Life"(그리스도인의 삶에서 완전함에 대한 숙고), 1957. 1. 13.

2장: "Four Kinds of Christians"(그리스도인의 네 가지 유형), 1957. 1. 20.

3장: "The Special Christian"(특별한 그리스도인), 1957. 1. 27.

4장: "Discovering the Loveliness of Jesus Christ"(예수 그리스도의 아름다움을 발견함), 1957. 2. 3.

5장: "Knowing Christ in His Fullness"(그리스도의 충만하심 안에서 그분을 앎), 1957. 2. 10,

6장: "The Will of God and its Relationship to our Cross"(하나님의 뜻, 그리고 그 뜻과 우리 십자가의 관계), 1957. 2. 17.

7장: "Seeking God and Finding Him"(하나님을 찾고 그분을 발견함), 1957. 2. 24.

8장: "Clouds of Concealment"(은폐의 구름), 1957. 3. 3.

9장: "The Obstacle of Self Trust"(자기 신뢰라는 장애물), 1957. 3. 10.

10장: "That We May Know Him"(우리가 그분을 알 수 있다는 것), 1957. 3. 17.

11장: "The Church's Lack of Freedom"(자유가 결핍된 교회), 1957. 3. 24.

12장: "Living in His Righteousness"(하나님의 의 안에 거함), 1957. 3. 31.